Richard S. Ferguson

Testamenta Karleolensia

The series of wills from the prae-reformation registers of the bishops of Carlisle.

1353-1386.

Richard S. Ferguson

Testamenta Karleolensia

The series of wills from the prae-reformation registers of the bishops of Carlisle. 1353-1386.

ISBN/EAN: 9783337412746

Printed in Europe, USA, Canada, Australia, Japan

Cover: Foto ©Lupo / pixelio.de

More available books at **www.hansebooks.com**

TESTAMENTA KARLEOLENSIA.

THE SERIES OF WILLS

FROM THE

PRÆ-REFORMATION REGISTERS

OF THE

BISHOPS OF CARLISLE.

1353—1386.

EDITED BY

R. S. FERGUSON, M.A., LL.M., F.S.A.

CHANCELLOR OF CARLISLE.
PRESIDENT CUMBERLAND AND WESTMORLAND ANTIQUARIAN
AND ARCHÆOLOGICAL SOCIETY.

KENDAL: T. WILSON.
CARLISLE: C. THURNAM AND SONS.
LONDON: ELLIOT STOCK, 62 PATERNOSTER ROW.

1893

Cumberland and Westmorland Antiquarian and Archæological Society.

LIST OF OFFICERS FOR THE YEAR 1892–1893.

Patrons:

THE RIGHT HON. THE LORD MUNCASTER, F.S.A., Lord Lieutenant of Cumberland.
THE RIGHT HON. THE LORD HOTHFIELD, Lord Lieutenant of Westmorland.

President and Editor:

THE WORSHIPFUL CHANCELLOR FERGUSON, M.A., LL.M., F.S.A.

Vice-Presidents:

E. B. W. BALME, Esq.	THE EARL OF CARLISLE.
THE RIGHT REV. THE BISHOP OF BARROW-IN-FURNESS.	JAMES CROPPER, Esq.
	H. F. CURWEN, Esq.
THE EARL OF BECTIVE.	ROBT. FERGUSON, Esq., F.S.A.
W. BROWNE, Esq.	G. J. JOHNSON, Esq.
THE RIGHT REV. THE LORD BISHOP OF CARLISLE.	Rev. T. LEES, M.A., F.S.A.
	Hon. W. LOWTHER.
THE VERY REV. THE DEAN OF CARLISLE.	H. P. SENHOUSE, Esq.

Elected Members of Council:

W. B. ARNISON, Esq., Penrith.	T. H. HODGSON, Esq., Newby Grange.
Rev. R. BOWER, M.A., Carlisle.	
Rev. W. S. CALVERLEY, F.S.A., Aspatria.	Rev. CANON MATHEWS, M.A., Appleby.
J. F. CROSTHWAITE, Esq., F.S.A., Keswick.	E. T. TYSON, Esq., Maryport.
H. SWAINSON COWPER, Esq., F.S.A., Hawkshead.	Rev. H. WHITEHEAD, M.A., Lanercost.
	ROBERT J. WHITWELL, Esq., Kendal.
C. J. FERGUSON, Esq., F.S.A., Carlisle.	Rev. JAMES WILSON, M.A., Dalston.

Auditors:

JAMES G. GANDY, Esq., Heaves.   FRANK WILSON, Esq., Kendal.

Treasurer:

W. D. CREWDSON, Esq., Helme Lodge, Kendal.

Secretary:

T. WILSON, Esq., Aynam Lodge, Kendal.

Publications of the Cumberland and Westmorland
Antiquarian and Archæological Society.

TWELVE VOLUMES OF TRANSACTIONS,
T. WILSON, Highgate, Kendal.

EXTRA SERIES.

VOL. I.—BISHOP NICOLSON'S VISITATION AND SURVEY OF THE DIOCESE OF CARLISLE IN 1703-4. Edited by CHANCELLOR FERGUSON, F.S.A. *Price* 12/6.

VOL. II.—MEMOIRS OF THE GILPIN FAMILY OF SCALEBY CASTLE, by the late Rev. William Gilpin, Vicar of Boldre, with the Autobiography of the Author. Edited with Notes and Pedigree by W. JACKSON, F.S.A. *Price* 10/6.

VOL. III.—THE OLD CHURCH PLATE IN THE DIOCESE OF CARLISLE. Edited by CHANCELLOR FERGUSON, F.S.A. *Price* 15/6.

VOL. IV.—SOME MUNICIPAL RECORDS OF THE CITY OF CARLISLE. Edited by CHANCELLOR FERGUSON, F.S.A., and W. NANSON, B.A., F.S.A. *Price* 15/-.

VOLS. V. and VI.—PAPERS AND PEDIGREES mainly relating to Cumberland and Westmorland, by the late Wm. Jackson, F.S.A. Edited by Mrs JACKSON. *Price* 15/-.

VOL. VII.—THE "BOKE OFF RECORDE" OF THE BURGH OF KIRKBIE KENDALL. Edited by CHANCELLOR FERGUSON, F.S.A. *Price* 15/-.

VOL. VIII.—THE OLD MANORIAL HALLS OF WESTMORLAND AND CUMBERLAND. By the late MICHAEL WAISTELL TAYLOR, M.D., F.S.A. *Price* 21/-.

VOL. IX.—TESTAMENTA KARLEOLENSIA, OR THE WILLS IN THE PRÆ-REFORMATION EPISCOPAL REGISTERS OF CARLISLE. Edited by CHANCELLOR FERGUSON, F.S.A. *Price* 10/6.

WORKS IN PREPARATION.

VOL. X.—THE ROYAL CHARTERS OF THE CITY OF CARLISLE. By the PRESIDENT. In the Press.

THE REGISTER OF WETHERAL PRIORY. By J. E. PRESCOTT, D.D., Archdeacon of Carlisle.

TRACT SERIES.

NO. I.—FLEMING'S DESCRIPTION OF WESTMORLAND. Edited by Sir GEORGE DUCKETT, F.S.A. Price 1/-.

NO. II.—DENTON'S ACCOUNT OF CUMBERLAND. Edited by CHANCELLOR FERGUSON, F.S.A. Price 3/6.

NO. III.—FLEMING'S DESCRIPTION OF CUMBERLAND. Price 1/-.

NO. IV.—SANDFORD'S HISTORY OF CUMBERLAND. Price 1/6.

NO. V.—TODD'S CITY AND DIOCESE OF CARLISLE. Price 1/6.

NO. VI.—TODD'S CATHEDRAL OF CARLISLE AND PRIORY OF WETHERAL. Price 1/6.

INTRODUCTION.

THE PRÆ-REFORMATION EPISCOPAL REGISTERS OF THE SEE OF CARLISLE.

CANON RAINE (*Historical Papers and Letters from the Northern Registers*, published in 1873 under direction of the Master of the Rolls, p. ix.) writes :—

The episcopal registers at Carlisle prior to the Reformation consist of only two volumes which contain the acts of five consecutive bishops, extending from the year 1292 to the close almost of the fourteenth century. The series commences with John de Halton, who, from his position on the borders, was necessarily a politician and almost a soldier. During the latter part of the reign of Edward I., Carlisle was a great rendezvous for the English army in the Scottish war, and we find, therefore, in Bishop Halton's register many public documents of considerable interest in connexion with Scotland. The greater part of them are already in print, and on that account they are unnoticed here. It is much to be regretted that in a city like Carlisle, which is one of the chief gateways into Scotland, so few documentary memorials should have been preserved. Their destruction, however, was probably due to that restless people, whose dangerous proximity has invested with such interest the past history of the capital of the Borders.

Bishop Nicolson (*The English Historical Library*, published 1696, p. 106 of the edition of 1777) tells exactly the same story. He says :—

CARLISLE.—This remote and small diocese has been heretofore so much exposed to the continual excursions of the Scots (before the

kingdoms were happily united to King James the First), that there are not many of its ancient records anywhere now to be had. The only pieces of antiquity in the bishop's possession, are two register books of four [*sic*] successive prelates; and these will furnish us with little more than the history of one century.

Bishop Nicolson has overlooked in some way that the two register books include acts of Bishop Appleby. Messrs Nicolson and Burn, in their History of Westmorland and Cumberland, published in 1777, vol. i., p. v., say, in enumerating the sources from which they compiled their ponderous tomes:

As also the Registers of the several bishops of Carlisle at Rose from the year 1293 to the present time, but with several intromissions, especially during the long and dreadful contest between the two houses of York and Lancaster.

So the matter long stood; to no one did it occur to doubt the destruction of these volumes, or to attribute their destruction, if destroyed they be, to any other than the Scots, or possibly to Oliver Cromwell. Mr J. Brigstocke Sheppard, LL.D., in his report on the Historical MSS. of the See of Carlisle, refrained from even one or other of these conjectures, merely observing:—

To what evil influence is to be attributed the loss of other volumes extending from 1400 to 1561 we cannot say; even tradition is silent on the subject.

That no records exist of the See of Carlisle earlier than 1292, is due to the great fire, which in May of that year, destroyed almost the whole of the City of Carlisle: in that fire the civic muniments, including the royal charters granted to the citizens by Henry II. and Henry III. were burnt,—a fate which was doubtless shared by the episcopal registers of date prior to 1292.

A few words may be said as to the fate of the volumes which must have covered the gap between the years 1400 and 1561 (more correctly 1386 and 1561). One of them—that containing the acts of Bishop Strickland (bishop 1400—1419)—was certainly in existence in the beginning of the 17th century, as proved by the following facts. In December 1882 the writer of this Introduction received from Mr Stuart H. Moore, F.S.A., a letter, asking as to a register described in the following extract, dated in the year 1600:—

Duchy of Lancaster, Class xxv B^{le} 7 A roll of Miscellaneous Documents of the time of James I.

Inter alia.

Order that the Clerk of the Duchy shall deliver the Register Book of Carlisle to my Lord William Howard *to be by him conveyed to the Mayor of Carlisle;* with a receipt by Lord Howard.

To this the writer promptly replied that the book was the "Registar, Governor or Dormont Book of the City of Carlisle[1]," p. 297. Mr Stuart Moore replied as follows:—

The lost book is a Register of Bishop Strickland about 1412. Can it be among the Bishop's Registers or among the other Town Books?

It was easy to reply with certainty that no such book was among the Bishop's Registers, or among the Town Books. On proof being asked for of its being Bishop Strickland's Register, Mr Stuart Moore wrote the following:—

Among the papers of Lord William Howard there is a copy of a charter certified by Lord William in 1606 as being a true copy from the Register of Bishop Strickland, which he must have seen. Then the Duchy order refers to a Register Book of [the See of] Carlisle and commands it to be delivered to Lord William Howard, who was to consign it to the Mayor of Carlisle, and it seems very probable that Lord William would have taken the opportunity of having the book in his possession to make extracts from it.

[1] Described in the Transaction of the Cumberland and Westmorland Antiquarian and Archæological Society, Vol. VI., p. 297, and also published in the fourth volume of that Society's Extra Series.

I still think that the Duchy Order of 1600 referred to the Dormant Book of the City of Carlisle, but it is clear that Bishop Strickland's register was in existence in 1606, when Lord William Howard saw it, and that, up to 1606, it had not been destroyed by Scottish restlessness, or other accident: and if it existed, the whole series was probably then complete, and at Rose Castle, the seat of the Bishops of Carlisle. Their subsequent destruction may be attributed to the great Civil War, when Rose Castle was twice held for the Royalists, twice captured by the Parliamentarians, and ultimately, in 1648, burnt. From 1641 to 1656 the See of Carlisle was held *in commendam* by Archbishop Usher, who probably never saw the place, and from 1656 to 1660 it was absolutely vacant: it is a wonder that any records survived.

The existing mediæval registers of the See of Carlisle consist of two parchment folios, covering, with the exception of a gap of seven years from 1346, the period between the years 1292 and 1386. An account of them, dated 1881, by Mr J. Brigstocke Sheppard is contained among the folio reports of the Commission on Historical Manuscripts. This excited so much interest locally that the Council of the Cumberland and Westmorland Antiquarian and Archæological Society in 1884 induced Mr Sheppard to undertake their transcription, with the view of making their contents more generally accessible, and ultimately of printing and publishing them. Towards that latter end, this volume is offered as a first instalment. It gives the whole of the wills and grants of probate contained in these registers, one hundred and fifty-seven in number, ranging in date from 1353 to 1386, when the registers cease: why no wills are contained in these registers from 1293 to 1346, when the gap of seven years occurs, is unexplained ; probably the practice of transcribing them was first introduced by a new registrar in 1353.

The wills are printed from copies of Mr Sheppard's transcripts, made by the editor and carefully compared with the originals, not with the presumptuous idea of correcting so well-known a scholar, but rather for the editor's improvement in deciphering mediæval documents. The originals in many places are so much thumbed and worn as to be illegible, and the writers of them in the registers do not appear to have been very skilful clerks or good Latin scholars: certainly they were very bad Norman-French scholars. The headings or titles to the wills are generally better written than the wills: probably the registrar himself wrote the first, and left the wills to his clerk or clerks, who perhaps wrote from dictation. To each will, as now printed, is prefixed reference to the page and volume of the original registers, where it is to be found, and also a similar reference to Mr Sheppard's transcripts: these last are the property of the Cumberland and Westmorland Antiquarian and Archæological Society and are in the present custody of the writer, as its President: they will probably be placed in the Bibliotheca Jacksoniana in Tullie House, Carlisle. The original registers are, of course, in the Diocesan Registry at Carlisle. As this volume is intended primarily for local use, and chiefly for people who have no acquaintance with mediæval wills, the wills are given in full, and all contractions are expanded, except that "Karl," "Karlum," etc. have been left for "Karleol," "Karleolum" etc., rather by inadvertence than by design. For the same reason the glossary has been made so full as to require no supplement but an ordinary school dictionary. To the professed antiquary, to the expert in mediæval wills, or to the genealogist, this little collection is not addressed, but even they will find matters to interest them : to the student of north country ways and manners the collection is one of the deepest interest from the glimpses it gives into the social and religious manners of the day. The wills are mainly those of clergy and persons of the middle class: we are brought face to face with their lavish expenditure in wax lights, and in feastings at funerals (the last a custom that has not yet died out locally): we see the poor neighbours and the swarms of hungry clerics crowding to the burials to secure their doles, sometimes of victuals and drinks, sometimes in clothes, or hard cash. Large indeed was the toll taken by the priests from a dead man's goods : his best beast by way of mortuary, and legacies for singing innumerable masses for the dead man's soul, trentals, vigils, and dirges. Little wonder that some of the reverend gentlemen, whose wills are here given to light, were well endowed with worldly goods, both real and personal : several of them farmed to a considerable extent, to judge from the horses and cattle they dispose of, while bequests of clothes, beds, hangings, brass pots, brewing utensils and the like indicate that some of the beneficed clergy, poor as was the diocese, were well clad, and dwelt in well-furnished residences, in which they were waited upon by numerous servants, more than their successors of the present day can or would afford. But side by side by these sleek gentlemen, there must have been a mass of unbeneficed starvelings, ready to attend any funeral on the chance of a dole.

Bequests of books occur, mainly of service books, but occasionally of others. Thomas de Byx leaves books to the Library of the Prior and Convent of Carlisle, *unum par Clementinarum et unum Decretalium*. From the wills of both clerics and laics we gather that the *quatuor ordines* of friars in the diocese were popular; bequests to them of money are frequent, and their churches were favourite places of interment. The fabric fund of the Cathedral frequently receives bequests, and so do the bridges at Carlisle, Appleby, Salkeld, Kirkbythore and elsewhere. William de Rothbury, Archdeacon of Carlisle, leaves 40s. for the repairs of the chancel roof and window of Great Salkeld Church, but if his successor, the new Archdeacon, makes any claim for dilapidations, he revokes the bequest. There are also many wills of rich citizens of Carlisle, including those of two mayors, dealing with real property, with their stock and implements of trade, and their domestic utensils. Arms and armour, jewels, mazer bowls, etc., are frequently mentioned: the directions for funerals are elaborate, and throw much light on the burial customs of the 14th century; wax chandlers must have done good trade, judging from the numerous bequests of money to be laid out in wax candles, to be burnt at the obsequies of the testator. In all points these wills throw curious and vivid side-lights on the manners and customs of the inhabitants of the diocese of Carlisle, on their agriculture and their trade.

One word as to the spelling of the title "Testamenta Karleolensia," and not "Testamenta Karliolensia": the spelling in the first charter ever granted to Carlisle, that of Henry II., is Karleolum, as appears by its recital within the charter of 21 Edw. I., so I have followed the older form. In later times the bishops signed "Carliol."

I. TESTAMENTUM VICARII DE ARTHURETH PROBATUM.

Reg. vol. 2, folio 2.   Trans. vol. 3, p. 9.

IN dei nomine Amen. Ego Johes de Penreth Vicarius de Arthureth[1] sanus corporis existens et compos mentis mee die Lune proximo post festum Purificationis beate Marie anno domini MCCCLIII[2] condo testamentum meum

[1] The church of Arthuret was given at some time or other to the abbey of Jedburgh in Scotland, but by reason of the differences between the two kingdoms, the abbey seldom enjoyed it. In April 1332 the Prior of Carlisle, as Commissary for the Bishop, John de Ross, reports that he had enquired into the vacancy in the vicarage of Arthuret and had instituted John de Penrith: in the same year the Bishop presents John de Penrith to the Bishop of Durham for institution to the vicarage of Warkworth in Northumberland, which was in the gift of the Bishop of Carlisle, so that John de Penrith was a pluralist, which accounts for his wealth. In the same year the King, Edward III., presents John de Pokelyngton to the rectory of Arthuret, claiming the patronage on the ground that the abbot and convent are enemies and rebels, and an inquisition finds that the King is the true patron and that Edward II. had exercised the patronage. John de Pokelyngton thereupon appoints William de Pokelyngton his proctor to receive induction. Another inquisition was held as to the vicarage and found that the King had presented John de Penrith, while the see of Carlisle was vacant by the death of Bishop Halton and that the Bishop of Carlisle had the right to nominate a fit clerk to the vicarage, whom the abbot and convent of Jedburgh were bound to present. John de Penrith retained the vicarage until his death in 1353 or 1354, during which period there were several rectors. William de Ragenhall succeeded as vicar in 1354. The will shows that John de Penrith had a brother Thomas and a nephew John, and that his mother was living in 1353. He appears to have had a cousin John de Penrith, who was a canon of St Mary's, Carlisle.

[2] Monday following February 2nd, 135¾.

C. W.

1

in hunc modum. Imprimis lego animam meam Deo et beate Marie et omnibus sanctis et corpus meum ad sepeliendum in cancello ecclesie predicte vel in loco co...... cimeterio ecclesie predicte. Item in lumine circa corpus meum die sepulture mee quinque solidos. Item lego eodem die in oblaceonibus v solidos. Item lego omnia vestimenta et manutergia consecrata altari Sci Michaelis de Arthureth. Item lego dicte ecclesie unum psalterium et unam legendam. Item ad cooperturam dicte ecclesie x solidos. Item lego unam marcam in pane ad distribuendam inter pauperes die sepulture mee. Item Thome fratri meo tenementa mea que habeo in Karleolo sibi et heredibus suis legitime procreatis. Item matri mee duos boves duas vaccas duas eskeppas farine duas eskeppas ordei cum una olla enea et parvam posnet et unam cistam parvam quam habui ex dono patris mei cum uno lecto competenti. Item Joh. fil. Thome fratris mei portiforium meum et omnes alios libros meos. Item cuilibet seruiencium meorum viii d. ultra stipendium eorum et pagis cuilibet vi d. Item Waltero de Ormesby equos quos habet in custodia sua preter unum pullanum unius anni. Item Domino Johi Canonico ecclesie Beate Marie consanguineo meo unum jumentum ad secta quod habui ex decima Joh Armstrang Senioris. Item Thome de Arthureth tria cochlearia argentea. Item Elene de Bolton lanam meam quam habeo in Karliolo preter unam petram quam lego matri mee. Item dicte Elene duas vaccas cum eskeppa farine avene. Item Matilde filie Alicie consanguinee mee duas juvencas duorum annorum. Item Domino Johi de Wylton unum pullanum unius anni cum uno Stirk. Item lego Thome fratri meo omnia utensilia domus mee tam enea quam lignea preter supra legata et preter unam magnam ollam enneam que fuit Thome Hogg quam habebit Ricardus qui fuit filius Rogeri filii Katherine. Item lego Abbati Beate Marie Karleolensis unum bovem pro anima mea. Item fratribus predicatoribus et minoribus iiij sol. Item predicto Ricardo filio Rogeri filii Katherine unam juvencam duorum annorum. Item Wilhelmo de Arthureth Ballivo unum jumentum quod vocatur "Fernelan". Item Johi filio Walteri de Ormesby duas juvencas duorum annorum cum uno stirk. Item Johi Bone presbitero parochiali ecclesie beate Marie Karliolensis celebranti pro anima mea die sepulture mee xii d. et clerico parochiali ejusdem loci iii d. et clericis chori pulsantibus campanas in memoriam meam xii d. Item Domino Johi Bayhard unum pullanum unius anni cum meliori roba mea. Item Domino Joh. de Penreth Canonico superpellicium et unum ciphum parvum de mazer. Item ad distribuendum inter pauperes parochianos meos duas eskeppas farine avene vel unam marcam. Et quicquid residuum fuerit bonorum meorum ultra legata solutis debitis meis lego matri mee et Thome fratri meo. Et ad istud testamentum fideliter perficiendum Tho. de Penreth Waltr. de Ormesby et Dom. Joh. de Wylton presbiterum constituo meos executores. Et volo ut iidem faciant de legatis cum consilio Domini Johannis Canonici Hiis testibus Domino J. de Sebraham Domino Ricardo Blese Roberto Byndben Joh. Aldane et Will. Taillor. Facta die et anno supradictis.

Proved at Rose, *Feb.* 30, 135¾.

II. TESTAMENTUM JOHANNIS FIL. ROGERI DE LANCASTRE.

Reg. vol. 2, folio 4. Trans. vol. 3, p. 13.

IN dei nomine Amen. die Veneris[1] post festum Sci Hillarii anno domini MCCCLIII. Ego Johannes filius Rogeri quondam de Lancastre[2] compos mentis et bone memorie

---

[1] Friday after January 13, 135¾.

[2] It would appear from the wording used that "de Lancastre" does not here denote a member of the family of De Lancasters, barons of Kendal, but is merely indicative of Roger's original domicile.

condo testamentum meum in hunc modum. In primis do et lego animam meam deo qui eam ex nihilo creavit et proprio suo sanguine redemit et beate Marie Virgini et omnibus sanctis et corpus meum ad sepeliendum in capella Sci Cuthberti de Milnebourne[1]. Item in cera ad comburendum circa corpus sex libras. Item in oblacionibus xl denarios. Item duas vaccas ad inveniendam unam candelam unius libre pro anima mea annuatim coram altari Be. Marie Virginis. Item i chesible ex precio septem solidorum capelle Be. Cuthberti de Milbourne. Item unum jumentum cum pullo duorum annorum ad luminare Be. Marie in ecclesia de Grismere[2]. Item matri mee xl s. et unam vaccam. Item duas libras cere ecclesie de Ulseby[3]. Item ecclesie sancti Laurentii de Kirkland[3] duas libras cere. Item magistro in divinis Thome de Thorneton fratri Augustinensi dimidiam marcam. Item ecclesie Sancti Ed. de Newbigging[4] unam libram cere. Item Will⁰ Stodeherd unum jumentum et unam juvencam que pascuntur in Thorkildale. Item Will⁰ de Crackynthorp unum equum de duobus melioribus qui sibi viderit. Item uni Capellano celebranti pro anima mea per duos annos duodecim marcas argenti in Capella de Milnebourne. Item Domino Roberto filio Rogeri de Merton duos solidos. Item uxori mee et tribus liberis meis legitime procreatis sexaginta et undecim marcas argenti et volo ut predicta summa eis dividatur per equales porciones et si non sit maritata volo ut predicta summa totaliter sit ad disposicionem uxoris mee. Et ad istam ordinacionem meam fideliter prosequendam Willm de Lancastre Willm de Crakenthorp et Elizabetham uxorem meam facio ordinatores et confirmo executores meos. In cujus rei testimonium huic testamento meo sigillum meum apposui Hiis testibus Domino Roberto Rectore de New-

[1] Milburn in Westmorland near Appleby.
[2] Grasmere in Westmorland.
[3] Ousby and Kirkland, both in Cumberland.
[4] Newbiggen in Westmorland.

biggyng Domino Will. de Denton Rectore de Ullesby[1] Domino Roberto de Merton Johe Wyther.

Proved at Rose, *March* 29, 1354.

III. TESTAMENTUM ROBERTI DE BROUNFELD[2] RECTORIS DE MELMERBY.

Reg. vol. 2, folio 11. Trans. vol. 3, p. 22.

IN nomine dei Amen. Ego Robertus de Brounfeld Rector ecclesie de Melmerby die huic videlicet xv Kal. Decembris[3] anno domini MCCCLIII in presentia Joh. Terry capellani Hen. de Kyrkbride et Alani de Blennerhasset testamentum meum ultimum in hunc modum ordino et constituo. In primis lego animam meam deo et beate Marie et omnibus sanctis et corpus meum ad sepeliendum in choro ecclesie de Melmerby. Item do et lego ad reparacionem ecclesie de Melmerby xl s. Item do et lego ad reparacionem chori ejusdem ecclesie xx s. Item do et lego ad expensas funerales die sepulture mee v marcas. Item in uno lapide pro co-opertura sepulchri mei xx s. Item do et lego Alano de Blennerhasset omnia tenementa mea in civitate Karleoli situata videlicet in Fishergate cum

---

[1] Ousby *ut ante*.

[2] Robert de Bromfeld was presented to the rectory of Melmerby in Cumberland by Margaret de Wyggeton (Wigton) on July 22, 1346: on Dec. 15, 1354 Adam de Parvyng presented Henry de Wakefield to the rectory of Melmerby, vacant by death of Robert de Brounefeld. Wigton and Bromfield are adjacent parishes in Cumberland. Margaret de Wigton was heiress of the De Wigtons and lady of the barony of that name, which shortly after her death fell to the Lucys and so was again united to the great barony of Allerdale and extinguished. She was also lady of the manor of Melmerby, which she gave to the King's Sergeant, Sir Robert Parving, from whom it went to his nephew Adam Peacock, who took the name of Parving. Denton's account of Cumberland, pp. 63, 117, 118. Little is known of the De Bromfields of Bromfield, but Denton mentions them as landowners in that parish, and as benefactors to the abbey of Holm Cultram in the neighbouring parish to Bromfield.

[3] 17 November 1353.

omnibus pertinenciis et aisiamentis. Item do et lego Willmo Kek * * * x libras sterlingorum. Item do et lego Juliane sorori dicti Willi v marcas. Item do et lego Will⁰ Johi et Johe pueris Johis fratris mei v marcas. Item do et lego Johi seniori x s. Item do et lego Johi Fairhare xiii s. viij d. Item do et lego Henrico de Kyrkbride v marcas. Item do et lego omnibus seruienciis meis ultra stipendia sua xl s. Item do et lego Johi Shepehird vi s. viij d. Item do et lego Willimo filio Ranulphi xiij s. iiij d. Item do et lego Thome de Salkeld xl s. et unam mappam mensalem et unum manutergium et unum sanape. Item do et lego Rico filio Johis de Salkeld xx s. Item do et lego domino Willmo de Esyngualde canonico de Karleolo xl s. Item do et lego Johi de Daker xiij s. iiij d. Item do et lego Willmo fratri meo xl s. ad dandum ubi ipsum assignavi. Item do et lego pauperibus ville die sepulture mee xx s. in pane vel argento. Item do et lego Will⁰ de Kirkby capellano xiij s. iiij d. Item do et lego Willmo Wendont xiij s. iiij d. Item do et lego Thome Spillgyld xx s. Item do et lego domino Ade de Wygton vicario de Hadyngham[1] v marcas et unum parvum librum qui dicatur "Porthois" et unum calicem et unum vestimentum optimum. Item volo quod Willmus frater meus habeat xx marcas de bonis meis nisi habeat tantum in loco ubi ipsum assignavi. Item tales ordino et constituo executores meos dilectos mihi in Christo Johem de Salkeld dominum Thomam de Salkeld Rectorem ecclesie de Hadyngham et Willm fratrem meum. Item do et lego dictis executoribus meis pure et sponte totum residuum bonorum meorum sine contradictione aliquali.

                                        Probacio ejusdem.

---

[1] Addingham in Cumberland.

IV. PROBATIO TESTAMENTI JOHIS WRIGHT DE SEBURGHAM[1] NUNCUPATIVE FACTI.

Reg. vol. 2, folio 15. Trans. vol. 3, p. 28.

MEMO. qd tercio die Februarii anno MCCCLIIIJ[2] apud manerium de Rosa probatum fuit testamentum Johis Wright de Seburgham nuncupative factum et administratio omnium bonorum que fuerunt dicti defuncti tempore mortis sue commissa Willmo Walley et Willmo Lother de Seburgham.

V. TESTAMENTUM ROBTI FIL. ADE FIL. WALTERI DE FORMBY[3] NUNCUPATIVE FACTUM.

Reg. vol. 2, folio 16. Trans. vol. 3, p. 29.

IN dei nomine Amen. Probatum fuit testamentum Roberti fil. Ade fil. Walteri defuncti nuncupative factum coram nobis Gilberto permissione divina Karl episcopo in capella manerii nostri de Rosa decimo die marcii anno domini MCCCLIIIJ[4] prout signatur in hec verba.

Ego Robertus filius Ade filii Walteri de Formby lego animam meam deo et corpus meum ad sepeliendum in cimeterio ecclesie Sancti Andrii de Eykcton[5] et cum corpore meo melius averium meum nomine mortuarii et ad distribuendum inter pauperes unam eskeppam farine avenarum et unum bovem. Item capellano parochiali xii de. Item Gilberto de Formby xii d. Item Fratribus minoribus de Karleolo iii s. Item Fratribus minoribus * * * * iii s.

---

[1] In Cumberland not far from Rose Castle.
[2] 3 Feb. 135¾.
[3] Formby near Ormskirk in Lancashire ; the testator's brother seems to have acquired the surname of Brownyng.
[4] 10th March 135¾.
[5] Aikton in Cumberland.

Item ponti de Eden iii s. Item fabrice ecclesie beate Marie Karleolensis iii s. Item volo quod de bonis meis funeralia rationabiliter solvantur. Item volo quod residuum de bonis meis si quid fuerit assignetur et detur Capellano ad celebrandum pro anima mea. Item volo et ordino quod Willmus Brownyng frater meus de omnibus bonis meis post decessum meum juxta voluntatem meam * * * ordinet et disponat.

VI. Testamentum Dni Will. de Lygh Militis.

Reg. vol. 2, folio 17. Trans. vol. 3, p. 31.

In dei nomine Amen. Ego Will. de Lygh miles condo testamentum meum die Lune post festum Sci Martini[1] anno domini MCCCLIV in hunc modum. Primo do et lego animam meam deo et corpus meum ad sepeliendum in cimiterio Sancti Michaelis de Isale[2] cum equo meo meliori ut moris est. Item do et lego Ricardo filio meo decem libras argenti Wilhelmo filio meo decem marcas argenti Edwardo filio meo decem marcas argenti Thome filio meo quinque marcas argenti Petro filio meo quinque marcas argenti Margarete filie mee x libras argenti Mariote filie mee x libras argenti. Item Willmo de Toft et uxori ejus vi boviculos et vi juvencas Johi * * unam vaccam Ricardo de Spencer i vaccam Cecilie de Baggeleygh i vaccam Johi Wright et Rogero fratri ejus duo averia pretii * * solidorum. Item totum residuum bonorum ac debitorum meorum Margarete uxori mee et

---

[1] Monday following November 11, 1354.

[2] Isell in Cumberland. The Leighs obtained the manor of Isell by marriage with Margaret the heiress of the Multons in the reign of Edward II. In the reign of Elizabeth Thomas Leigh bequeathed it to his wife Maud Redmain, and she by a second marriage, in the reign of James I., carried it to the Lawsons, and Sir Wilfrid Lawson now owns it. As this testator's wife is named Margaret, he is probably the lucky man, who married the Multon heiress; no pedigree of this family of Leighs is known to me, but this will gives a good start in five sons and two daughters.

super illud testamentum constituo executores meos Margaretam uxorem meam et Willm de Toft Hiis testibus Rob. Leycestre et Will. Hobsone. In cujus rei testimonium sigillum meum est appensum. Dat. die et anno domini supradictis.

VII. DEPUTATIO ADMINISTRATIONIS IN BONOS ADE HOULETSON.

Reg. vol. 2, folio 25. Trans. vol. 3, p. 39.

NOVERINT universi quod nos G. etc. Agnetem relictam Ade Houletsone de Trevermane[1] administratricem in bonis ejusdem Ade nuper ab intestato deodatis deputavimus.

VIII. THOME HOULETSON.

MEMO. quod dicto die loco et anno probatum fuit testamentum Thome Houletsone defuncti et administratio omnium bonorum suorum commissa Alano Notshagh et Christine relicte dicti defuncti executoribus in eodem testamento nominatis juxta formam etc.[2]

Proved at Rose, *March* 10, 135$\frac{5}{6}$.

IX. TESTAMENTUM MATHII DE REDMANE[3].

Reg. vol. 2, folio 28. Trans. vol. 3, p. 42.

IN dei nomine Amen. Ego Matheus de Redmane die Mercurii in festo animarum[4] condo testamentum in hunc

---

[1] Triermain in Gilsland.

[2] Were Thomas and Adam Houletson father and son or brothers? As both administrations are taken out on the same day, some common object was probably in view, and the two were probably near relations.

[3] Redmain is in the parish of Isell: the testator had probably come from that place and settled and made a fortune in Carlisle.

[4] Wednesday in All Souls [Nov. 2] 1356.

modum. In primis do et lego animam meam deo et beate Marie Virgini et omnibus sanctis et corpus meum ad sepeliendum in cimiterio predicatorum Karleoli cum meliori averio meo ad ecclesiam meam parochialem nomine mortuarii. Item do et lego fratribus predicatoribus Karleoli xx s. Et fratribus minoribus ibidem xx s. Item do et lego fratri Roberto Deyncourt vi s. viij d. Item do et lego Symoni Clerico vi s. viij d. Item lego in cera ad comburendum circa corpus meum unam petram cere. Item in convocationem vicinorum die sepulture mee xx s. Item do et lego Emmote uxori mee illud Burgagium meum in vico piscatorum Karl. Item cuidam eunti per viam Sci Jacobi[1] xl s. Item do et lego dicte Emmote uxori mee xxix marcas sterlingorum quos dominus Willus de Graystok michi tenetur pro uno equo et aliis animalibus de me emptis. Item do et lego residuum omnium bonorum meorum Emmote uxori mee ut ipsa solvat debita mea si qui (*sic*) sunt. Et ad istud testamentum exequendum ordino facio et constituo executores meos viz. Gilb. de Hoythwayt et Emmotam uxorem meam. Dat. apud Karl. dicto die Mercurii anno lvi.

Probate in common form. Gilbert renounced.

X. TESTAMENTUM JOH. CALDESMITH DE KARL. CAPELLANI.

Reg. vol. 2, folio 29. Trans. vol. 3, p. 43.

IN nomine Dei Amen. Ego Johannes Caldesmith Capellanus die Mercurii proximo ante festum Sci Michaelis in monte anno domini MGCCLVJ[2] condo testamentum meum in hunc modum. In primis do et lego animam meam deo et beate Marie et omnibus sanctis et corpus

---

[1] *Sic:* the Registrar has omitted some words: it is a legacy to some one to go on pilgrimage to the shrine of St James of Compostella.

[2] Wednesday before 29 September 1356.

meum ad sepeliendum in cimiterio beate Marie Karl. Item lego in cera iii s. iiij d. Item fratribus predicatoribus x s. Item minoribus vj s. viij d. Item ponti de Eden iij s. iiij d. Item cuilibet capellano celebranti infra civitatem Karli per equales porciones vi d. Item conventui ad pietanciam x s. Item Fabrice beate Marie vi s. viij d. Item luminaribus beate Marie infra chorum et extra in ecclesia parochiali[1] iii s. iiij d. Item Elene filie Johe de Seynt Dynis iii s. iiij d. Item diversis laboratoribus et egenis die sepulture mee vi s. viij d. Item Fabrice Sci Albani[2] vj s. viii d. Item omnia vestimenta mea ecclesiastica cum ornamentis meis lego altari Sci Albani ibidem perpetuis temporibus duratura. Item lego meum portiforium Roberto filio Johnis de Sancto Dionisio cum ad etatem maturam pervenerit et si ecclesiastico servicio immiscuerit et si contingat quod dictus Robertus non sacris ordinibus se subjiciat volo quod dictus liber sit venditus et distribuatur pauperibus. Item capellano parochiali Joh. Boon vj s. viij d. Item Agneti servienti Robi Powetson xii d. Item clerico Parochiali xii d. Item Petro filio Elene Boghen vij s. quos vij debet * * * Johi Bramfeld vii d. Et si quid fuerit de bonis meis non legatis do Mariote sorori mee et quod ipsa dividat dictum residuum et hoc ad ordinacionem executorum meorum diversis egenis. Et ad istam executionem faciendam hos ordino executores viz. Dominum Joh. Boon et Rob. Powetsone Hiis testibus Johe Halden et Tho. Clerico et Mariota sorore mea. Dat. die et anno supradictis.

Probacio eiusdem. Rose, 20 *Nov.* 1356.

[1] The cathedral of Carlisle was a double or divided church : the choir was the church of the convent, and the nave was the church of the parish of St Mary ; an interesting and distinctive feature, of which the cathedral was robbed by the pulling down, under Dean Close, of the wall which separated the nave from the transepts.

[2] There was a chantry of St Alban in Carlisle, now commemorated in St Alban's Row behind the Town Hall.

XI. TESTAMENTUM DNE AGNETIS CONSORTIS DNI RICI DE DENTON DEFUNCTE.

Reg. vol. 2, folio 29. Trans. vol. 3, p. 45.

IN dei nomine Amen. Ego Agnes uxor domini Ricardi de Denton compos mentis mee die Veneris proximo post festum Sci Egidii Abbatis[1] Anno domini MCCCLVI condo testamentum meum in hunc modum. In primis do et lego animam meam deo et beate Marie et corpus meum ad sepeliendum in ecclesia parochiali de Thoresby[2] coram altare beate Marie et melius animal dicte ecclesie nomine mortuarii et secundum animal ecclesie de Denton[3] nomine mortuarii. Item lego in cera ad comburendum circa corpus meum tres petras cere. Item lego in oblacionibus I marcam. Item lego in erogationibus pauperum xxx s. Item lego fratribus minoribus Karli x s. Item fratribus predicatoribus Karli x s. Item lego fratribus Augustinensibus de Penreth et Appleby dimidiam marcam ad participandum inter se. Item lego monialibus de Hmythwayt[4] x s. Item lego Johi de Kirkbride duos boves et duas vaccas et duas juvencas. Item domine Cecilie de Hmythwayt duas vaccas. Item lego Christiane consanguinee mee duas vaccas. Item Roberto Linok duas vaccas. Item Roberto Linok duos solidos. Item Johi Faucon duos solidos. Item Johi del Hall duos solidos. Item Thome fratri suo duos solidos. Item Johi filio Roberti duos solidos. Item Ade fratri suo xii d. Item lego domine Cecilie unam ollam eneam meliorem et Christiane consanguinee mee unam

---

[1] Friday after the first of September 1356.
[2] Thursby, a parish a little to the west of Carlisle.
[3] There are two parishes of the name of Denton in Cumberland, Nether and Over Denton.
[4] Armathwaite in Cumberland.

ollam eneam. Item lego ad opus unius Capellani celebrantis dicte ecclesie de Thoresby pro anima mea vi marcas. Item lego residuum bonorum meorum ad me pertinencium Domino meo Domino Ricardo de Denton ad istam execucionem fideliter exequendam tales constituo executores meos Viz. Dominum meum Ricardum de Denton et Johannem fratrem suum et Dominum Will. de Denton Rectorem ecclesie de Ulnesby[1]. Dat. apud Ulnesby die et anno supradictis.

Proved at Rose, Dec. 2, 1356.

XII. PROBACIO TESTAMENTI UXORIS SIMONIS TAILLOUR.

Reg. vol. 2, folio 31. Trans. vol. 3, p. 47.

MEMO. quod xx^{mo} die mensis Martii Anno MCCCLVI[2] in capella manerii de Rosa coram magistro Johe de Welton probatum fuit testamentum Christiane que fuit uxor Simonis Taillor de Unthank[3] et administratio bonorum que fuerunt ejusdem defuncte commissa Thome Blome et Morice Scot executoribus in eodem testamento nominatis juxta formam, etc.

[1] Sir William de Denton of Ousby (Ulnesby) died 1359. See Nicolson and Burn, vol. II. p. 437. The Dentons and the Del Halls, or Del Halls de Carlisle, were connections. The former had large property in and near Carlisle, now called Denton Holme. Denton Hall is now a farm house in Nether-Denton parish.

[2] 20th March 135$\frac{5}{6}$.

[3] There are several Unthanks in the diocese, but the hamlet of that name in the parish of Dalston, in which Rose Castle is situated, will be the one meant here. John de Welton, from the neighbouring parish of Welton, was probably a surrogate.

XIII. Testamentum Johis Corour de Bothill nuncupative factum.

Reg. vol. 2, folio 33. Trans. vol. 3, p. 49.

In dei nomine. Probatum fuit testamentum Johis Corour de Bothill defuncti nuncupative factum coram nobis Gilb⁰ Karl. Ep⁰ in capella manerii nostri de Rosa sexto die Junii anno domini MCCCLVII in hec verba.

Ego Johes de Corour die dominica proximo post festum Inventionis sanctae crucis Anno domini MCCCLVIJ[1] condo testamentum meum in hunc modum. In primis do et lego animam meam deo et corpus meum ad sepeliendum in cimiterio ecclesie sci Michaelis de Torpenhow[2] melioribus animali et panno meis nomine mortuarii. Item in oblacionibus et luminaribus circa corpus meum die sepulture mee duos solidos et quatuor denarios. Item capellano ad celebrandum pro anima mea per dimidium annum quadraginta solidos. Item domino Thome de Kirkland capellano parochiali dicte ecclesie tres solidos. Item Johanne filie mee quatuor marcas sterlingorum quam quidem pecuniam volo quod remaneat in custodia Dni Petri de Morland Vicarii ecclesie conservandam quousque eadem Johanna fuerit maritata. Item lego Emme uxori mee quatuor marcas sterlingorum. Residuum vero omnium bonorum meorum do et lego dicte Emme et Johe ac aliis liberis meis inter ipsos equaliter dividendum. Et ad hanc voluntatem meam ultimam fideliter exequendam Petrum filium Reginaldi et Ricardum del Heyning de Bothill executores meos ordino facio et constituo.

Proved at Rose, 6 *June*, 1357.

[1] Sunday after the 3rd of May 1357.
[2] Torpenhow, a parish in Mid-Cumberland.

XIV. Testamentum Ade Deyncort Vicarii Ecclesie de Aspatria.

Reg. vol. 2, folio 34. Trans. vol. 3, p. 50.

IN dei nomine Amen Probatum, etc. Ego Adam Deyncort[1] vicarius ecclesie Aspatrick[2] die Jovis proximo ante festum sci Marci Evangeliste Anno domini MCCCLVIJ[3] testamentum meum facio in hunc modum. In primis lego animam meam deo et corpus meum ad sepeliendum in choro ecclesie antedicte. Item volo quod panni lecti vasa et alia bona mea que sororibus meis et aliis assignavi et donavi absque alicujus impeticione remaneant penes illos. Item volo quod residuum omnium et singulorum bonorum meorum solutis debitis meis * * * penes Dominum Adam de Crosseby Capellanum consanguineum meum remaneat ut ipse de eodem residuo ordinet et disponat prout sibi videbitur quem quidem dominum Adam ordino et facio executorem meum ut ipse hanc meam voluntatem ultimam fideliter exequatur.

Proved at Rose, 5 *June*, 1357.

XV. Testamentum Rob[i] del Shelde de Karliolo.

Reg. vol. 2, folio 36. Trans. vol. 3, p. 51.

IN dei nomine Amen. Ego Robertus del Shelde die Jovis post festum Sci Michaelis Archangel. Anno domini

---

[1] Adam Deyncourt died prior to the 29 May 1357, for on that day Roger de Ledes was collated to the vicarage of Aspatria *per cirothecarum traditionem*. The name is a local one, and Robert Deyncourt, a Dominican, had a license dated 3 March 135¾ to confess those that sought him and to grant absolution, except in case of rape of nuns, homicide, and grievous offences: he also appears as a legatee under will of Matthew de Redmain *ante* p. 10. Robert Dencort is a legatee under will of William de Hothwaite in 1374.

[2] Aspatria in Cumberland.

[3] Thursday before April 25, 1357.

MCCCLVIJ[1] condo testamentum. In primis do et lego animam meam deo et beate Marie et omnibus sanctis et corpus meum ad sepeliendum inter fratres minores de Karliolo salvo jure ecclesie mee parochialis. Item in cera dimidiam petram cere faciendam in quatuor cereos quos lego duos cereos fratribus minoribus et duos cereos ecclesie mee parochiali. Item Fratribus xl s. si bona mea ad illud attingere possint. Item eisdem fratribus unum ciphum mazer precii xiiij s. Item Joh. Boon meum parvum mazer et unum caminum igneum cum uno gladio et una tabula mensali cum meis Orfrayes pertinentibus ad vestimentum ecclesiasticum. Item clerico parochiali xij d. Item quatuor capellanis venientibus ad officium funerale equaliter xvi d. Item Nicholo servienti Topcliff unum collobium cum capucio. Item Rico Fobour meum cultellum ante et retro deargentatum. Et si quid fuerit residuum de bonis meis non legatis testamento meo completo debitis meis completis do et lego Agneti uxori mee. Et ad istam executionem sic faciendam hos ordino et constituo executores meos Viz. Agnetem Uxorem meam (*sic*) Hiis testibus Ric° Fobour Nich. serviente Topcliff cum Joh^e Boon Capellano.

Proved 20 *Oct.* 1357.

XVI. TESTAMENTUM W. WRIGHT DE IRTHINGTON NUNCUPATIVE FACTUM.

Reg. vol. 2, folio 36. Trans. vol. 3, p. 52.

IN dei nomine Amen. Coram nobis G. etc. Karl. Epo. Ego Will. Wright de Irthington[2] die Veneris proximo post festum Sci Michaelis Archangeli Anno domini MCCCLVIJ[3] facio testamentum meum in hunc modum. In primis lego animam deo et beate Marie et omnibus sanctis. Item lego

---
[1] Thursday after 29 Sept. 1357.
[2] A parish in the north of Cumberland.
[3] Friday after Sept. 29, 1357.

omnia bona mea ubicunque fuerunt inventa solutis debitis meis Juliane uxori mee et liberis meis. Et ad hanc meam ultimam voluntatem implendam Thomam Lowry constituo executorem meum.

Proved at Rose, 25 *Oct.* 1357.

XVII. PROBACIO TESTAMENTI DNI J. RECTORIS DE MARTON NUNCUPATIVE FACTI.

Reg. vol. 2, folio 46. Trans. vol. 3, p. 62.

IN dei nomine Amen. Probatum fuit etc. In hec verba.

In dei nomine Amen. Ego Joh. de Morland Rector ecclesie de Merton[1] vicesimo die Marcii anno domini MCCCLVIJ[2] condo testamentum meum in hunc modum. In primis do et lego animam meam deo et beate Marie et omnibus sanctis et corpus meum ad sepeliendum in choro Beate Margarete de Marton. Item lego in lumine circa corpus meum die sepulture mee duas libras cere. Item in oblacionibus eodem die xviij d. Item lego in distribucione pauperum eodem die i eskepp farine avene et dimidiam et unum carcas bovis salsi cum duobus porcis et sex multonibus. Item lego mazerium meum majorem fratribus Carmelitibus de Appelby. Et mazerium meum minorem domine Isabelle de Clifford consorti Dni Thome de

---

[1] Longmarton in Westmorland, whose church is dedicated to St Margaret and St James. In May, 1334, Robert de Clifford presents John de Morland to the rectory of Merton Parva, and the Bishop directed the rural dean of Westmorland and the vicar of Appleby to hold an inquisition into the right of patronage. This was duly held, and John de Morland inducted. His successor was William de Loundes, who was inducted on the same day that Morland's will was proved, 20 April 1358, on the presentation of Sir Thomas de Musgrave, who had become the patron by marrying Isabella de Clifford, widow of Robert de Clifford. On the 4th Nov. 1336 J. de Morland had license to be absent for three years and subsequently for two years more.

[2] 20th March, 135$\frac{7}{2}$.

C. W.

Musgrave. Item lego majorem meam ollam eneam fratribus de Appelby. Item lego fratribus predicatoribus et minoribus Karli Sci Augustini de Penrith et fratribus Carmelitibus de Appelby cuilibet pari xl s. Item priori et conventui Ecclesie beate Marie Karl. ad pietanciam suam centum solidos. Item fabrice ecclesie ejusdem xl s. Item in celebratione divinorum pro anima mea et pro animabus patris matris mee Johis de Halghton quondam episcopi Karli Dni Rob' de Clifford Rob' de Clifford junioris Sibelle sororis mee Roberti fratris mei Roberti de Mebourne Capellani necnon et pro bono statu Isabelle de Clifford[1] consortis Dni Thome de Musgrave et pro anima ejus cum obierit xii marcas. Item quatuor pontibus super Eden et Trutbek viz. super Eden apud Appelby et Sourby[2] super Trutbek apud Kirkeby[3] et Merton cuilibet ponti ij solidos. Item Johi de Sourby robam meam de secta Prioris Karli. Item Johi de Merton aliam robam meliorem. Item Dno Rico de Brampton tunicam meam novam cum capucio. Item lego lectum meum in quo jaceo Alicie de Apedale. Item alium lectum meum trussibilem Johi Penny cum una petra lane. Item alium lectum meum cum una roba Rob. de Stelyngtona. Item lego tribus filiabus Roberti fratris mei que morantur in Revegill cuilibet unam vaccam cum una petra lane. Item Johi de Hill Ade Fabro et Johi nepoti meo manenti in Mebourne Mauld[4] cuilibet unum bovem. Item lego Roberto de Stelingtona unam ollam eneam cum una patella. Item lego unum cacabum Alicie de Apedale. Item Roberto de Thesdale ii s. Item Johi fratri Alicie de Apedale unam vaccam preter vaccam et bovem que sunt sui.

[1] Isabella de Berkeley, daughter of Maurice Lord Berkeley of Berkeley Castle in Gloucestershire married firstly Robert Lord Clifford, secondly Sir Thomas de Musgrave. She had as her jointure from her first husband the Skipton estates and great part of the Clifford Westmorland estates, so that her eldest son, whom she outlived, was much impoverished.

[2] Temple Sowerby.

[3] Kirkby Thore.

[4] Mauds Meaborn in Westmorland.

Item Johi Aspin unam petram lane cum duobus solidis.
Item parvo Nicholao de Caldebek ii s. cum una petra lane.
Item lego fabrice ecclesie de Merton et campanili de eadem
xl d. Item lego Willmo de Apedale plaustrum meum
ferratum melius cum duobus bobus melioribus et hernasio
dicto plaustro spectantibus. Item cuidam mulieri servienti
michi unam vaccam. Item aliud plaustrum ferratum Johi
nepoti meo de Brampton. Residuum vero omnium bonorum
meorum do et lego Dno Thome de Salkeld Rectori ecclesie
de Clyfton Thome de Stegill et Rico de Hall sine contradictione aliquali quos constituo executores meos ad testamentum meum in omnibus exequendum. In cujus rei
testimonium sigillum meum una cum sigillo officialitatis
Karl. huic testamento clauso sunt appensa. Dat. apud
Merton die et anno supradictis[1].

Quia invenimus dictum testamentum rite factum pro
eodem pronunciamus etc.

XVIII. TESTAMENTUM TH. JONSON DE SOURBY NUPER NUNCUPATIVE FACTUM.

Reg. vol. 2, folio 47. Trans. vol. 3, p. 64.

MEMO. etc. 10 *May*, 1358 at Rose probate of the will, which is not set out. Administration to W. Whytehead and Henry son of Mariote.

---

[1] Though this will is said to be a nuncupative one, it seems duly executed, and the heading is probably an error. It is very curious that the will is stated to be sealed not only with the testator's own seal, but also *cum sigillo Officiali-tatis Karl.* The Official at the date of this will was Adam de Caldbeck, and it will be noticed that the will contains a legacy to little Nicholas de Caldbeck, probably his son. Possibly the testator was surrogate to Adam the Official, and had possession of the seal during his superior's absence, and used it by way of further authenticating his will, or he might have borrowed it for that purpose. It proves the Official of Carlisle had a seal of his own.

XIX. TESTAMENTUM JOHIS DE SALKELD DEFUNCTI.

Reg. vol. 2, folio 49. Trans. vol. 3, p. 65.

IN dei nomine Amen. Ego Joh. de Salkeld de Merghanby[1] condo testamentum meum apud Merghanby die Martis in festo Circumcisionis Dei Anno Domini MCCCLVIIJ[2] in hunc modum. In primis do et lego animam meam deo et beate Marie et omnibus sanctis et corpus meum ad sepelliendum in Cimiterio ecclesie Sci Michaelis de Adyngham. Item melius animal meum nomine mortuarii. Item in cera ardenda circa corpus meum die sepulture mee xx s. Item in oblacionibus eodem die dimidiam marcam. Item quendam cokellum meum priori et conventui Karli. Item fabrice ecclesie Abbathie Karl. c s. Item ad fabricacionem cujusdam fenestre de novo in Cancello ibidem xl s. Item ad * * * Karli c s. Item priori et conventui c s. Item Fratribus minoribus Augustinensis (*sic*) Predicatoribus et Carmelitibus domorum Karl. Penreth et Appleby per equales porciones xx marcas. Item fabrice pontis de Eden juxta Salkeld c s. Item ponti de Eden juxta Kirkoswald dimidiam marcam. Item parvo ponti in foresta[3] juxta Wodenmouth xl s. Item Rectori ecclesie de Kirkland xx s. Item filiis et filiabus Joh. de Salkeld junioris xl s. Item Johi filio meo bastardo x marcas. Item Domino Ade Vicario de Adyngham xx s. Item Rico filio meo bastardo xl s. Item Priorisse de Ermythvaict[4] et sororibus suis xl s. Item Dno Thome Capellano

---

[1] Maughanby, a hamlet in the parish of Addingham in Cumberland. The testator cannot be identified with any Salkeld in the pedigrees, but he probably belonged to the Salkelds of Corby and Thrimby, and may have been younger son to John Salkeld of Salkeld parva *alias* Old Salkeld: he would then have a brother Richard and a nephew John, John de Salkeld junior, who would suit as the legatees named in this will.

[2] Tuesday after New Year's Day, 135⅞.

[3] The forest of Inglewood.

[4] Armathwaite, where was a small nunnery.

meo ultra salarium suum xx s. Item Domino Remigio Capellano dimidiam marcam. Item Domino Henrico Rectori Ecclesie de Hoton in Foresta xx s. Item diversis orantibus et celebrantibus pro anima mea ad discretionem executorum meorum xl s. Item Johi del Brigge de Penreth quia pauper vi s. viij d. Item Thome del Paniteri xl d. Item Henrico de Kirkbryde si vixerit xl s. Item Johi filio Christiane Sporier xiij s. iiij d. Item Abbathie de Holm ad pietantiam xiij s. iiij d. Item Abbathie de Lanercost ad pietantiam suam x s. Item Johi de Remyngton v s. Item diversis capellanis celebrantibus pro anima mea quantum sufficere poterit xx marcas. Item Will⁰ Sanderson x s. Item Henrico fratri suo xl d. Item Roberto famulo suo xl d. Item Willmo de Swyndale et pueris suis xx s. Item Will. Addyson x s. Item Joh. Bisshopp dimidiam marcam. Item uxori Willi le Reede xl d. Item Johe Wasseson('s) weyf xij d. Item Tyok xii d. Item Joh. filio Simonis v s. viij d. Item vicario de Edenhale xl s. Item Agneti Purdelok xij d. Item Beatrici Wyndow xii d. Item Will⁰ de Waterthwayt xiij s. iiij d. Item in disposicione Dni Ade Vicarii de Adyngham xx s. Item Dompno Thome de Kirkoswald xiij s. iiij d. Item Johanne Manchall (*sic*) xl d. et dimidiam petram lane. Item Hugoni Louson v s. Item Waltero de Cestre xl d. Item Johi Brown vj s. viij d. Item Emmote filie Joh. Armstrang junioris v marcas. Item Margarete filie Will. Nelson xiij s. iiij d. Item Matilde filie Will. de Cletre xx s. Item Dno Hugoni de Louther xiij s. iiij d. Item Dno Will. de Kirkeby Capellano de Melmerby xiij s. iiij d. Item Thome del Rek * * v s. Item Johi Hunter x s. Item Rico Vaus Burgagium meum in Karl que (*sic*) habui ex dono ejusdem Ricardi tenendum sibi et heredibus suis de corpore suo legitime procreatis et si obierit sine heredibus de corpore suo legitime procreatis remaneant (*sic*) Roulando patri ejusdem Ricardi heredibus et assignatis suis in perpetuum. Item Mariote filie Ad. Emson de Laysingby xiij s. iiij d.

Item Johi de Wylton[1] pro labore suo xx s. Item totum residuum bonorum meorum non specialiter legatorum do et lego Rico de Salkeld fratri meo Margarete uxori mee Dno Ade Vicario de ecclesie de Adyngham. Hujus antedicti testamenti hos executores meos ordino constituo et facio vidz. Ric^m de Salkeld fratrem meum Margaretam uxorem meam et Dm Adam de Wygton Vicarium ecclesie de Adyngham.
Proved at Rose, 20 *Jan.* 1358/9.

XX. Testamentum Ade de Bastenthwayt.

Reg. vol. 2, folio 50. Trans. vol. 3, p. 68.

In dei nomine Amen. Ego Adam de Bastenthwayt sane mentis et opinionis languens in extremis viam universe carnis pocius intendens arripere quam evitare die Sabbati prox. post festum Sce Lucie[2] anno domini MCCCLVIIJ condo testamentum meum in hunc modum. In primis do animam meam deo et beate Marie et omnibus sanctis suis et corpus meum ad sepeliendum in claustro Monasterii de Holm Coltun juxta patrem et matrem meam si ad id consensus Abbatis et conventus accesserit cum meliori equo meo salva debita justicia ecclesie parochiali Sce Bega de Bastenthwayt a qua corpus meum assumitur. Item lego in lumine circa corpus meum die sepulture mee xii petras cere. Item lego in distribucione pauperum eodem die xx marcas. Item oblacionibus i marcam. Item xij viduis xii d. et pastum pro dietam ut quolibet die vigilent circa corpus meum et orent pro anima mea quousque corpus meum sepeliatur. Item in expensis die sepulture mee c solidos. Item lego Capellanis pro anima mea divina

---

[1] The draftsman, who drew the will.

[2] Saturday after Dec. 13, 1358. The De Bastenthwaites or De Bassenthwaites were descended from Gospatrick, bastard son of Waltheof. They became lords of Bolton which went from them with an heiress to the Lascells in the time of Richard I.

celebrantibus per unum annum xlii marcas Viz. duo presbiteri apud Beghekirk[1] celebrent et unus apud Plumland unus apud Torpenhowe unus apud Bolton unus apud Crosthwayt et unus apud Ulnedale. Item Abbati de Holm xl s. et cuilibet monachorum loci ejusdem ii s. ut orent pro anima mea. Item priori Karli xl s. et fabrice ecclesie Sce Marie Karl. c solidos pro decimis oblitis et cuilibet Canonicorum dicte ecclesie ut deprecent et orent pro anima mea ij s. Item lego fratribus Predicatoribus Karl. xx s. Item Fratribus minoribus ejusdem loci unam marcam. Item lego Fratribus Sci Augustini de Penreth xx s. Item lego Fratribus Carmelitanis de Appelby vi s. viii d. Item lego cuidam homini ut arripiat peregrinacionem ad Scm Jacobum[2] iiij marcas. Item lego Rectori ecclesie de Plumland xl s. ad celebrandum pro anima Thome de Plumland et si dictus rector illud facere recusaverit eligatur alius presbiter idoneus ad celebrandum pro anima predicti Thome. Item lego ad capellam Sci Cuthberti[3] et ymaginem ejusdem et pro fenestris vitreis faciendis in eadem capella vi marcas. Item lego Johanne filie mee viginti marcas. Item Agneti filie mee pro apparatu suo et ornamentis suis x marcas. Item lego Elene filie mee et pueris suis v marcas. Item lego Isabelle uxori Thome de Haryngton v marcas. Item volo quod xii pauperes induantur panno lansali pro anima mea ita ut quilibet eorum habeat quatuor ulnas et unum par sotularium. Et quicquid residuum fuerit omnium bonorum meorum do et lego Joh. de Derwentwater Militi Rob° Brunne Dno Ric. de Hoton Rectori ecclesie de Greystok et Will. de Mulcaster. Item lego Isabelle filie Joh. de Bastenthwayt xx s. Et ad istam

[1] Bassenthwaite church is dedicated to St Bega or St Bees, though it is now accredited to St Bridget, see church dedications in the Diocese of Carlisle. *Transactions, Cumberland and Westmorland Antiquarian and Archæological Society*, vol. vii. pp. 123, 140, 147.

[2] St James of Compostella.

[3] Plumbland church is dedicated to St Cuthbert: this is an interesting legacy showing that the chapel had unglazed windows at the date of the will.

meam ultimam voluntatem faciendam et fideliter exequendam in omnibus hos constituo executores meos Dm Joh. de Derwentwater Militem Rob. Brunne Will. de Mulcaster et Dm Ric^m de Hoton Rectorem de Graystok in presencia plurimorum fide dignorum. In cujus rei testimonium huic presenti testamento meo sigillum manibus meis propriis apposui. Ductus negligentia licet raro do et lego Agneti filie mee xl s.

Proved at Rose, 31 *Jan.* 135⅞.

XXI. TESTAMENTUM WILLI FILII XTIANE DE AYNSTAPELLYTH NUNCUPATIVE FACTUM.

Reg. vol. 2, folio 51. Trans. vol. 3, p. 70.

IN nomine dei etc. Probatum fuit testamentum in hec verba. Ego Willmus filius Xtiane de Aynstappellyth die lune proximo post festum invencionis Sce Crucis anno domini MCCCLVIIJ[1] condo testamentum in hunc modum. In primis lego animam deo et beate Marie et omnibus sanctis et corpus meum ad sepeliendum in cimiterio ecclesie Sci Michaelis de Aynstapellyth[2] cum meliori averio meo nomine mortuarii. Item volo quod duos solidos (*sic*) sterlingorum dentur capellanis ad celebrandum pro anima mea. Et totum residuum bonorum meorum do et lego Isabelle uxori mee et pueris meis ita quod ipsa debita mea exsolvat prout porcio mea in eisdem bonis sufficere potuerit. Et ad exequendam hanc voluntatem meam hos constituo executores meos Viz. dictam Isabellam uxorem meam et Tho. fil. Rob. de Aynstapellyth.

Proved at Rose, 4 *Feb.* 135⅞.

[1] Monday after May 3, 1358.
[2] Ainstable in Cumberland.

XXII. Testamentum Dni Will. Bowet Rectoris de Dacre[1].

Reg. vol. 2, folio 54. Trans. vol. 3, p. 74.

IN dei nomine Amen. Ego Will. Bowet rector ecclesie de Dacre sane mentis et bone memorie die Veneris proximo post festum Sci Dunstani anno domini MCCCLIX[2] condo testamentum meum in hunc modum. In primis lego animam meam deo et beate Marie et omnibus sanctis et corpus meum ad sepeliendum in choro ecclesie Sci Andree de Dacre. Item do et lego in lumine circa corpus meum ix s. et iiij libras[3] ad celebrandum missas pro anima mea. Item die sepulture mee in distribucione pauperum x s. Item quatuor ordinibus fratrum per equales porciones xiij s. iiij d. Item Johi Snoddyng consanguineo meo xx s. Item Willo Spens xiij s. iiij d. Item Johi Bowet xiii s. iiij d. Item Tho. de Burgh xiij s. iiij d. Item Will⁰ filio Thome Bowet xiij s. iiij d. Item Alicie Bowet xiij s. iiij d. Item Rico de Laton vi s. viij d. Item do et lego Domino Gilberto Bowet Capellano xl s. et unum Porthois. Item do et lego totum residuum omnium bonorum meorum mobilium et immobilium Thome Bowet consanguineo meo. Et volo quod omnia prefata legata solvantur prefatis hominibus de decimis garbarum mearum nunc super terram crescencium cum poterint melius levari. Ac ad illud exequendum et fideliter adimplendum hos constituo meos executores viz. Thom Bowet et Gill^m Bowet Capellanum hiis testibus Rico de Laton Johe Snodding Johe Dewy Hen. Palfrayman.

Proved at Rose, *June* 1, 1359.

[1] Dacre in Cumberland.
[2] Friday after May 10, 1359.
[3] The words *in cera* are probably omitted.

XXIII. TESTAMENTUM SIMONIS DE HAYTHWAYT NUNCUPATIVE FACTUM.

Reg. vol. 2, folio 58. Trans. vol. 3, p. 78.

IN nomine dei etc. Probatum fuit etc. in hec verba. Ego Simon de Haythwayt in vigilia Sci Petri ad vincula anno domini MCCCLIX[1] condo testamentum meum in hunc modum. In primis lego animam meam deo et beate Marie et omnibus sanctis et corpus meum ad sepeliendum in cimiterio Sci Michaelis de Dalston[2] cum meliori animali meo nomine mortuarii. Item in oblacionibus xij d. Item in luminaribus vi d. Item Johi filio Nicholai Pker (Parker) unum bovem et Thome filio Nicholai Pker (Parker) unam juvencam. Item pueris Will[i] filii Margote unam vaccam. Item lego uxori mee septem oves. Item lego eidem partem meam unius equi. Item summo altari de Dalston dimidiam eskeppam avenarum. Item Capelle Beate Marie de Dalston vi d. Item executoribus meis duas eskeppas avenarum. Item Willo de Haythwayt unam eskeppam avenarum. Item lego uxori mee totum residuum meum bonorum meorum ut ipsa de eisdem ordinet prout ad salutem anime mee melius viderit expedire. Et ad hanc voluntatem ultimam fideliter exequendam Henricum Marioteson et Will. filium Simonis executores meos ordino facio et constituo per presentes.

Proved at Rose, 22 *Sep.* 1359.

XXIV. TESTAMENTUM JOHIS LOWRY NUNCUPATIVE FACTUM.

Reg. vol. 2, folio 60. Trans. vol. 3, p. 80.

PROBATUM fuit testamentum etc. in hec verba. In primis dedit animam suam deo et beate Marie et omnibus

[1] July 31, 1359.
[2] Dalston, parish in Cumberland near Carlisle.

sanctis et corpus suum ad sepeliendum in cimiterio Sci Michaelis de Arthuret[1] cum meliori averio nomine mortuarii. Item in oblacionibus et in lumine circa corpus suum die sepulture x s. Item luminaribus Beate Marie in ecclesia de Arthuret xx s. Item ad pictationem ymaginis Sancte Crucis in ecclesia predicta i eskepp ordei et i eskepp avenarum. Item pro uno cereo ad comburendum coram dicta cruce dimidiam eskeppam siliginis. Item fabrice ecclesie Beate Marie Karl. xiij s. viij d. Item luminaribus dicte ecclesie x s. Item ponti de Eden x s. et i eskeppam ordei et i eskeppam avenarum. Item Fratribus predicatoribus Karl. i eskeppam ordei et i eskeppam avenarum. Item Fratribus minoribus Karl. i eskeppam ordei et i eskeppam avenarum. Item Willelmo de Arthureth totum terminum et statum quos habuit in Le Blamyre in Scocia ad inveniendum unum Capellanum celebrantem pro anima sua et animabus omnium fidelium defunctorum per tres annos. Et omne residuum bonorum suorum non legatorum postquam debita sua fuerunt plenariter soluta dedit et legavit Emme uxori sue et pueris suis. Et ad suum testamentum fideliter exequendum et perficiendum dictam Emmam uxorem suam et Adam Hineson executores suos fecit et ordinavit. Presentibus Dno Willo Vicario de Arthureth Rico Capellano et Will. de Arthureth.

Proved at Rose, 2 *Dec.* 1359.

XXV. TESTAMENTUM MATHII DE REDMANE DE KENDALE MILITIS DEFUNCTI.

Reg. vol. 2, folio 66. Trans. vol. 3, p. 90.

IN nomine dei Amen. Ego Mathius de Redmane de Kendale[2] Miles condo testamentum meum in hunc modum.

[1] In Cumberland to the north of Carlisle, *ante* p. 1.
[2] The principal family of Redmans resided at Levens near Kendal and Matthew de Redman was member of parliament for Westmorland in 7 Ed. 2 (1313—4) and 31 Ed. 3 (1357—8). As there is forty-four years between these dates, the two are probably father and son, or grandfather and grandson.

In primis do et lego animam meam deo et beate Marie et omnibus sanctis et corpus ad sepeliendum in ecclesia Beati Petri de Heversham et melius meum animal nomine mortuarii mei ibidem. Item do et lego omnia bona mea mobilia et immobilia videlicet equos boves vaccas et omnimoda alia averia mea ac eciam oves multones hoggastros[1] meos masculos et femellas ac eciam omnia blada mea cujuscunque generis fuerint una cum omnibus et omnimodis utensilibus domus mee ubicunque fuerint inventa Margarete uxori mee ita quod ipsa post mortem meam libere ad libitum suum disponat et ordinet de eisdem pro anima mea prout melius viderit expedire. Ad istud testamentum fideliter exequendum Christoferum de Moriceby et Hugonem de Moriceby constituo executores meos.

Probate, not dated, but some time in *April*, 1360 ; proved before Adam de Salkeld, Official of Carlisle.

XXVI. TESTAMENTUM DNI WILLI NELSON VICARII DE DONECASTRO.

Reg. vol. 2, folio 70. Trans. vol. 3, p. 96.

IN dei nomine Amen. Ego Will[s] de Appilby vicarius ecclesie de Donecastro die Jovis proximo ante festum Sci Michaelis Archangeli Anno Domini MCCCLX[1] condo testamentum meum in hunc modum. In primis lego animam meam deo et beate Marie et omnibus sanctis et corpus meum ad sepeliendum in ecclesia Sci Georgii et cum corpore meo ut est moris nomine mortuarii. Item in cera xx libras circa corpus meum ardendum. Item in convocacione vicinorum meorum xx libras. Item Domino Will. de Hanley xl s. et meliorem robam meam. Item Domino Johanni de Barneley xiij s. iiij d. et secundam robam

---

[1] *Hoggastros*, hoggasters, lambs after their first year.
[2] Thursday before 29 September 1360.

meam meliorem.   Item domino Johi de Mekesburgh xiii s.
iiij d. et terciam robam meam meliorem.   Item Dno Will⁰
de Estthorp xiij s. iiij d. et quartam robam meam meliorem.
Item Dno Thome de Appilby xiij s. iiij d. et quintam robam
meam meliorem.   Item in distribucione pauperum x libras.
Item Thome Olifant uxori sue et eorum pueris vj li. xiii s.
iiij d.   Item pueris Johannis filii Christiane legitime procreatis xl s.   Item Alicie sorori mee et filie sue manenti in
Kirkeby Steffan xl s.   Item Domino Johi del Okes iij s. iiij d.
Item Will⁰ Mangwys illos xl s. in quibus michi tenetur et
xxvi s. viij d.   Item singulis Capellanis celebrantibus in
ecclesia de Doncastro xl d. exceptis capellanis supradictis.
Item duobus clericis ecclesie vi s. viij d. inter se dividendos.
Item Johi Foxholes vi s. viij d.   Item Magistro Johi Burdon
xx s.   Item domino Johi de Marton illud portiforium quod
jam habeo vel illud portiforium quod Dns Will. de Loundres
habet de me.   Item Domino Joh¹ vicario de Burgh parvum
portiforium meum.   Item Godewill et uxori sue xxvi s. viij d.
in quibus michi tenentur et xl s. ad hoc.   Item Ade le
Harpour xiij s. iiij d.   Item Fratribus Carmeli de Appilby
octo marcas et hoc in dispositione fratris Will¹ Garun.
Item uni Capellano celebraturo pro animabus patris et
matris mee et aliorum amicorum pro quibus teneor in
ecclesia Sci Michaelis de Appilby per tres annos xviij
marcas.   Item ecclesie Sci Laurencii de Appilby unum
missale.   Item ecclesie Sci Georgii de Donecastro illud
portiforium quod fuit Joh¹ˢ Gare Capellani.   Item Will⁰ de
Brampton xx s. et unum lectum videlicet unum canvas ij
blanketts ij lintheamina et unum coverlyt cum tapeto[1].
Item Joh. del Hill xx s. et unum lectum videlicet unum
canvas ii blanketts ij lintheamina et unum coverlyt cum
tapeto.   Item summo altari Beate Marie vi s. viij d.   Item
altaribus Sci Thome Martiris Sci Nicholai et Sci Laurencii

---

[1] The testator's idea of a bed seems to have been a canvas, stretched no doubt on a wooden frame, two blankets, two sheets, a coverlet and a curtain or a vallance—no bolster or pillow.

x s. per equales porciones. Item Domino Will de Hanley
i cistam. Item Domino Joh. de Lon(er)sale xx s. Item
Fabrice ecclesie Sci Georgii xiij s. iiij d. Item Willelmo
et Johi consanguineis meis xx libras et duos libros videlicet
Legenda Sanctorum et unum librum de exposicionibus
Epistolarum. Item unam cistam de Flanders et omnia
ad cameram meam pertinentia exceptis illis que superius
sunt legata. Item Agneti ancille mee xiij s. iiij d. Item
Will⁰ del Hill vi s. viij d. Item Thome le Carter vi s. viij d.
Item Joh¹ pagetto meo vi s. viij d. Item Thome pagetto
meo vi s. viij d. Item pueris Roberti de Fulsham vi s. viij d.
Item Alicie filie Will. Wodecok vi s. viij d. Item pueris
Thome Cote vi s. viij d. Item pueris Joh. de Stanford vi s.
viij d. Item pueris Will¹ de Cauteley vi s. viij d. Item
Fratribus minoribus de Donecastro xiij s. iiij d. Item Fratribus Carmelitanis in Donecastro xiij s. iiij d. Anchorettis
de Donecastro vi s. viij d. Item Johanne Clerk xl d. Residuum vero bonorum meorum lego ad celebrandum pro
anima mea secundum dispositionem executorum meorum.
Dans et concedens eisdem executoribus plenam et legitimam
potestatem augendi et minuendi in premissis si necesse fuerit
et quicquid aliud faciendi quod per veros et legitimos executores fieri posset et debeat in agendum. Hujus autem testamenti mei fideliter exequendi dominum Willm de Stanley
de Donecastro capellanum Willm Wodcok Thom Cott et
Willm de Fisshelake facio et constituo executores meos. In
cujus rei testimonio sigillum meum et sigillum officii Decanatus Donecastri presenti testamento sunt appensa. Dat. die
loco et anno supradictis. Item lego Domino Will⁰ de Hanley
Capellano xlviii marcas sterlingorum ad celebranda divina
pro anima mea et pro animabus omnium fidelium defunctorum pro octo annis videlicet pro quolibet anno sex marcas
si bona mea ad hoc sufficiant.

The will was proved at Doncaster on the 6th of October
1360, and at Rose on the 16th of October, 1360.

XXVII. PROBACIO TESTAMENTI EMME QUE FUIT UXOR
THOME POTTER DE HAUKESDALE[1] NUNCUPATIVE
FACTI.

Reg. vol. 2, folio 62. Trans. vol. 3, p. 85.

THE will is not given : proved 16 *January*, 1359/60.

XXVIII. PROBACIO TESTAMENTI THOME WALKER DE
SEBURGHAM[2] NUNCUPATIVE FACTI.

Reg. vol. 2, folio 63. Trans. vol. 3, p. 86.

THE will is not given : proved *January* 7, 1359/60.

XXIX. COMMISSIO ADMINISTRACIONIS BONORUM
WALT[I] MAUCHELE.

Reg. vol. 3, folio 73. Trans. vol. 3, p. 100.

THE marginal note is "Commissio administracionis bonorum Walteri Mauchell ab intestato defuncti Thome Beaucham," but the text calls the administrator Walterus Beaucham.

Administration, *Dec.* 20, 1360.

XXX. TESTAMENTUM GILBERTI DE HOTHWAYT
DEFUNCTI.

Reg. vol. 2, folio 75. Trans. vol. 3, p. 104.

IN dei nomine Amen. Ego Gilbertus de Hothwayt condo testamentum meum die Lune proximo post festum Translacionis Sci Benedicti Abbatis viz. xiii die Julii Anno

---

[1] Hawkesdale is in the parish of Dalston near Carlisle.
[2] Sebergham is the next parish to Dalston.

domini MCCCLX[1]. In primis lego animam meam deo beate Marie et omnibus sanctis et corpus meum ad sepeliendum in ecclesia beate Marie Virginis de Cokermouth. Item lego Isabelle uxori mee et liberis meis omnia bona mea viva et mortua ubicunque inventa fuerunt solutis prius debitis meis. Hujus autem testamenti Executores facio ordino et constituo dominum Alanum Rectorem ecclesie de Plumland et Robertum de Musgrave.

In dei nomine Amen. Probatum fuit istud testamentum coram nobis Decano Couplendi et commissario domini officialis Richmdi die Lune in festo Sci Andree martyris in ecclesia de Cokermouth; year said to be "infra dicto."

Approbatum; before the Bishop of Carlisle on *April* 17, 1361, at Rose[2].

XXXI. TESTAMENTUM DNI WILL. DE DACRE MILITIS.

Reg. vol. 2, folio 77. Trans. vol. 3, p. 106.

FAIT a remembre que ceux sount les dettes que Mons William de Dacre doit sour son aler outre la mere le jour de S[t] Michel lan du Roi qore est xxxiij (1359). Al Seign[r] de Nevill xl marcs par obligacioun. A Hugh de Redehous xxiiij marcs par une obligacioun. Au Roi pour fine de Lestheger xxxij li. pour lui e sa neise. Et pour ore la Reine xxiiij s. Al Ercedekyn de Durham x li. par une obligacioun. A Joh. de Hiltoft x li. viij s. par une obligacioun enseile. A Sire Wauter de Loutheburgh xxiij li. xv s. vij d. par obligacione. Al Evesq de Kardoil xx marcs par obligacioun. Al Abbe del Holm xx marcs par obligacioun. Al executours Joh. de Salkeld x marcs par obligacioun. A Rog. de

---

[1] Monday after July 11, 1360.
[2] This will is proved before the commissary of the official of the Archdeaconry of Richmond in the diocese of York and also in the diocese of Carlisle; the testator must have had *bona notabilia* in both.

Mirescho x li. par obligacioun. A Sire Will. de Salkeld persoune de Ayketon xx marcs par obligacioun. A Will. de Suetmuth xxv li. par obligacioun. A Adam de Blencow iiij marcs. A Thomas soun filz v s. A Robert Hanley c s. A Evirweyk[1] par diuerses parcelles xiij li. vij s. A Sire Hen. de Graystok x marcs. A Rob. Bouchard de Loundres xlvij s. par une bille enseille. A Joh. de Oxinford de Loundres cix s. A le Bakest de Loundres xi s. A Simon de Worsted mercer xxvi s. A Henry de Cove xxvij s. ix d. Summe cc iiii[xx] & ix li. xvi s. viij d. E sachetz William de Dacre avoir ordeigne madame ma mere Clement de Skelton Will. de Salkeld persoun de Ayketon Rob. de Kelhow e Sire Wautier de Loughteburgh mes executours de ordeigner pour mes biens e de paier mes dettes e le residu reseruer a madame ma mere.

> Proved at Rose, 16 *Aug.* 1361, administration granted to Clement de Skelton, Walter de Loughtburgh, Rector of Dacre, and Will. Salkeld, Rector of Aikton, power being reserved for the others to come in[2].

XXXII. TESTAMENTUM JOHIS PULT' DE HAUKESDALE NUNCUPATIVE FACTUM.

Reg. vol. 2, folio 77. Trans. vol. 3, p. 107.

IN primis dedit et legavit animam suam deo et beate Marie et omnibus sanctis et corpus suum ad sepeliendum in cimiterio ecclesie Sci Michaelis de Dalstona cum meliori averio suo nomine mortuarii. Item dedit et legavit omnia

---

[1] Query, York.
[2] This is rather a schedule of debts than a will: perhaps it was all his creditors could extract from William de Dacre by way of security when he left, or fled, his country. He was eldest son of Ranulph Dacre and Margaret Multon, and died in 33 Edw. III. (1359—1360) at the age of forty, and, as he left no issue, was succeeded by his brother Ranulph.

bona sua ubicunque inventa Agneti uxori sue et liberis suis debitis suis primiter persolutis. Et ad istud testamentum fideliter exequendum Thom. del Botery constituit executorem omnium.

Proved at Rose, 16 *Aug.* 1361.

XXXIII. TESTAMENTUM WILLI DE BRIGHOLM DE CROSTHWAYT[1].

Reg. vol. 2, folio 30.   Trans. vol. 3, p. 112.

IN dei nomine Amen. Ego Will. de Brigholm condo testamentum meum die Sci Oswaldi Regis Anno Domini MCCCLXI[2] in hunc modum. In primis do et lego animam meam deo et beate Marie et omnibus sanctis et corpus meum ad sepeliendum ubi Deus providerit. Item ecclesie de Crosthwayt equum meum nomine mortuarii. Item Johi filio Galfridi Sutoris unum boviculum. Item Agneti de Lonnesdale unam juvencam. Item Johi filiolo meo filio Dni Joh. de Derwentwater militis[3] vi s. viii d. ensem meum arcum et sagittam [*sic*] meos. Item unam ollam eneam meliorem lumini Beate Marie de Crosthwayt. Item lego medietatem tocius residui omnium bonorum meorum tribus pueris meis et aliam medietatem do et lego domino Johi de Derwentwater militi et Willelmo Engayne de Clifton. Ad hujus vero testamenti mei execucionem fideliter faciendam executores meos subscriptos ordino facio et constituo Viz. Dm Joh^m de Derwentwater militem Will. Engayne de Clifton quibus plenam potestatem concedo ordinandi et exequendi......omnibus prolegatis.

Proved at Rose, 20 *Oct.* 1361.

[1] A parish in Cumberland, in which the now populous town of Keswick is situated.

[2] August 5th, 1361. Brigholm is Brigham near Cockermouth.

[3] A Sir John de Derwentwater was sheriff of Cumberland 48 and 50 Edw. III. (1374 and 1376) and 1 and 4 R. II. (1377 and 1380): he also represented the country in the 2nd and 11th R. II. His daughter and heiress Margaret carried the property to the Radcliffes. This Sir John must either be the Sir John of this will, or his son the *filiolus* [godson].

XXXIV. PROBACIO TESTAMENTI JOH. DE HOGHTON NUNCUPATIVE FACTI.

Reg. vol. 2, folio 80.   Trans. vol 3, p. 113.

IN dei nomine Amen. Probatum etc. in hunc modum. In primis legavit animam suam deo et beate Marie et omnibus sanctis et corpus suum ad sepeliendum in cimiterio ecclesie Sci Michaelis de Arthureth cum meliori averio suo nomine mortuarii. Item legavit luminibus et oblacionibus die sepulture sue xvi d. Et totum residuum bonorum suorum superius non legatorum debitis suis solutis dedit et legavit uxori sue et Rob. de Riley quos constituit executores suos.

Proved at Rose, 5 *Nov.* 1361.

XXXV. TESTAMENTUM JOH[is] DEL BLAMYRE NUNCUPATIVE FACTUM.

Reg. vol. 2, folio 81.   Trans. vol. 3, p. 114.

PROBATUM fuit coram nobis Gilberto dei gratia Karl. Episcopo in capella manerii nostri de Rosa septimo die mensis Novembris anno domini MCCCLXI testamentum Joh[is] del Blamyre de Haukesdale die Sabbati proximo ante festum omnium Sanctorum[1] Anno Dni supradicto nuncupative factum in hunc modum. In primis idem Johannes dedit et legavit animam suam deo beate Marie et omnibus sanctis et corpus suum ad sepeliendum in cimiterio ecclesie Sci Michaelis de Dalstona cum meliori averio suo nomine mortuarii. Item legavit in lumine ad

---

[1] Saturday before Nov. 1, 1361. The name of Blamire (del Blamire or del Blue Mire) has always been well represented in the parish of Dalston, of which Hawkesdale is a township: of this family the greatest was Blamire of the Oaks, M.P. for Cumberland 1831 to 1836, and afterwards Chief Tithe Commissioner.

comburendum circa corpus suum die sepulture sue xviij d. Item legavit in distribucione pauperum die sepulture sue unum bovem et unum porcum. Item in convocacione vicinorum suorum die sepulture sue xxiiij s. Item duobus pueris Willi filii sui duas vaccas et utrique eorum unam eskeppam avenarum. Item legavit filie Thome de Blamyre filii sui unam vaccam et unum quartarium avenarum. Item legavit Johi filio Thome Hird unam juvencam. Item legavit Willo filio Johannis filii Simonis de Gaytscales unam bestiam. Item legavit filie Willelmi filii Margarete xviij d. Item ordinavit quod solutis suis debitis et legatis de residuo bonorum suorum tantum liberaretur Thome et Willelmo filiis suis quantum sufficere poterit uno itinerante ad Sc^m Jacobum[1] ita quod infra septennium proxime tunc sequentem (*sic*) vel quod unus eorum ad Sc^m Jacobum proficiscatur pro itinere ipsius defuncti que (*sic*) dum vixit ad visitandum dictum locum vovit vel quod conduceret unum ad proficiscendum dictum iter cum porcione sic eis, ut premittitur liberanda. Item residuum omnium bonorum suorum non legatorum dedit et legavit Thome filio Thome Hirde Rob. Stable et Will. del Blamyre filio suo quos fecit et constituit executores suos ut de hujus modi residuo faciant et ordinent prout ad salutem anime viderint expedire.

       Proved at Rose on above date.

XXXVI. Probacio Testamenti Isabelle uxoris Rici de Thornethwayt.

Reg. vol. 2, folio 81. Trans. vol. 3, p. 115.

In dei nomine Amen. Probatum fuit coram nobis Gilberto permissione divina Karli Epo in capella manerii de Rosa xxij die Novembris anno MCCCLXI testamentum

---

[1] To the shrine of St James of Compostella.

Isabelle que fuit uxor Rici de Thornthwayt de Crosthwayt defuncte nuncupative factum in vigilia apostolorum Simonis et Jude anno domini MCCCLXI[1] in hunc modum. In primis legavit animam suam deo et beate Marie et corpus suum ad sepeliendum in cimiterio ecclesie Sci Kentigerni de Crosthwayt cum meliori averio suo et panno nomine mortuarii. Item legavit in oblacionibus die sepulture sue ij s. Item in luminibus die sepulture sue unam libram cere et quatuor denarios. Item in distribucione pauperum die sepulture vi s. viij d. unam vaccam et duos multones. Item in convocacione vicinorum suorum die sepulture xv s. Item legavit totum residuum bonorum suorum Rico de Thornthwayt marito suo et liberis suis. Et ad exequendam et perficiendam hanc voluntatem suam dominum Ricum de Thornthwayt maritum suum et Johem de Thornthwayt constituit executores suos.

Proved at Rose, 22 *Nov.* 1361.

XXXVII. Probacio testamenti Johis de Linton vicarii de Crosby Ravensworth[2] nuncupative facti.

Reg. vol. 2, folio 82. Trans. vol. 3, p. 116.

In dei nomine Amen. Probatum etc. in hunc modum. In primis legavit animam deo et beate Marie et omnibus sanctis et corpus sepeliendum in ecclesia de Crosby Ravensworth. Item dedit et legavit in lumine circa corpus suum die sepulture sue v libras cere. Item Abbati et conventui de Whyteby[3] iii s. iiij d. Item ad emendacionem chori dicte ecclesie de Crosseby vi s. viij d. Item in

---

[1] Oct. 27, 1361. Thornthwaite is in the parish of Crosthwaite, three and a half miles west-north-west of Keswick.

[2] Crosby Ravensworth in Westmorland.

[3] The Abbot and convent of Whitby were the patrons of the church of Crosby Ravensworth, they presented Robert de Threlkeld on the death of John de Linton.

distribucione pauperum die sepulture sue unam eskeppam farine iiij eskeppas salis et unum bovem. Item pueris Thome de Lynton fratris sui xij oves. Item omnia vasa domus sue preter ea que tenetur dimittere successori suo dedit et legavit predicto Thome fratri suo. Et residuum omnium bonorum suorum superius non legatorum debitis suis solutis dedit et legavit Thome de Linton filio Willi de Linton et ad exequendam hanc ultimam voluntatem suam Adam Harpour de Crosseby predicte constituit executorem suum.

Proved at Rose, 9 *Dec.* 1361.

XXXVIII. Testamentum Dni J. de Soulby Rectoris de Musgrave[1].

Reg. vol. 2, folio 82. Trans. vol. 3, p. 117.

In dei nomine Amen. Ego J. de Soulby clericus die Sabbati proximo ante festum Sci Barnabe apostoli anno domini MCCCLXI[2] condo testamentum meum in hunc modum. In primis lego animam meam deo et beate Marie et omnibus sanctis et corpus meum ad sepeliendum in cimiterio Sci Andree de Holborne. Item volo et pre omnibus ordino quod omnia debita mea plene persolvantur. Item do et lego Edw⁰ de Sandford unum lectum meum meliorem viridem. Item lego Willelmo de Sandford capellano unum librum vocatum portiforium. Item do et lego Johanne sorori mee ad maritagium suum decem marcas. Item do et lego totum residuum bonorum meorum in disposicione executorum meorum. Hujus autem testamenti mei executores constituo Hugonem Fissh et Johem Glasier de civitate London. et Robertum patrem meum et

---

[1] In Westmorland, and Soulby is the adjacent parish to it.
[2] Saturday before June 11. 1361.

Thomam Donnay ut ipsi faciant et disponant pro anima mea sicut melius sibi viderint expedire.

Proved before the Archdeacon of London 26 *Nov*. 1361 and before the Bishop of Carlisle 10 *January*, 1361 2.

XXXIX. TESTAMENTUM WILLI DE LANCASTER.

Reg. vol. 2, folio 86. Trans. vol. 3, p. 124.

IN dei nomine Amen die Veneris proximo post Nativitatem Beate Marie virginis anno domini MCCCLXI[1] Ego Willmus de Lancastre condo testamentum meum in hunc modum. In primis lego animam meam deo omnipotenti et beate Marie et omnibus sanctis et corpus meum ad sepeliendum ubicunque deus disposuerit. Item lego totum apparatum capelle[2] mee viz. libros vestimenta calices et alia ornamenta eidem pertinencia Aline uxori mee ita quod dicta Alina habeat usum eorundem quoad vixerit et post decessum dicta ornamenta heredibus suis remaneant. Item lego residuum omnium bonorum meorum ac utensilia domus mee solutis primo debitis et funeralibus expensis meis dicte Aline uxori mee et liberis meis. Et ad istam execucionem presentis testamenti fideliter faciendam ordino facio et constituo executores meos viz. Alinam uxorem meam Johem Swaynson et Nicholaum de Plesyngton ut ipsi voluntatem meam fideliter exequantur prout anime mee melius viderint expedire. Dat. apud Ryddle [Rydal] die et anno supradicto.

Proved at Kirkby Lonsdale before the dean of "Kendal et Lonesdale," 8 *Nov*. 1361 ; approved at Rose, 21 *Feb*. 1361/2.

[1] Friday after September 8, 1361.
[2] On January 8, 1359/60 the Bishop of Carlisle granted a license to William de Lancaster for one year to employ a chaplain to celebrate in his Oratory in the manor of Holgill, [Howgill Castle in Westmorland], where were settled a family of De Lancasters descended from Roger, a bastard brother of William de Lancaster, third baron of Kendal.

XL. Testamentum Dni Rici de Ulnesby Rectoris de Ulnesby[1].

Reg. vol. 2, folio 86. Trans. vol. 3, p. 125.

In dei nomine Amen. Ego Ricardus de Ulnesby Rector ecclesie ejusdem die Sabbati prox. post festum Sci Mathie Apostoli anno domini MCCCLXII[2] condo testamentum meum in hunc modum. In primis do et lego animam meam deo et beate Marie et omnibus sanctis et corpus meum ad sepeliendum in cimiterio fratrum predicatorum Karli. Item do et lego quinque libras cere ad comburendum circa corpus meum in die sepulture mee. Item do et lego in distribucione pauperum xx s. Item venerabili patri ac domino meo Gilberto dei gratia Karl. Episcopo si sibi placeat do et lego duos boves. Item do et lego Cecilie sorori mee xiii s. iiij d. Item Margarete filie sue xx s. Item Johanne filie sue xx s. Item Mariote filie sue xx s. Item do et lego Enote sorori mee xiii s. iiii d. Item Johi filio ejusdem xx s. Item Johi filio ejusdem et juniori xx s. Item Willmo filio ejusdem do et lego xx s. Item Rico filio ejusdem Enote xx s. Item Clementi de Clifton unam vaccam et xl s. ex summa quam michi debet. Item do et lego domino Johi de Midelton capellano robam meam murream cum loculo meo et parvo psalterio meo. Item do et lego domino Rico de Aslacby robam meam de liberata Dni mei Episcopi. Item domino Johi de Crosseby do et lego mantellum meum. Item Domino Rob. de Bolton do et lego cellam meam cum freno. Item domino Ricardo de Denton unam parvam crucem argenteam. Item do et lego Johi de Laybourne unum annulum aureum cum xl s. ex parte summe quam michi debet. Item do et lego Johanne Vaux unum annulum aureum cum rubeo lapide. Item do et lego uni capellano

[1] Ousby in Cumberland.
[2] Saturday after Feb. 24, 1361/2.

celebranti pro anima mea per unum annum iiij libras argenti. Item do et lego fratribus predicatoribus Karl. xiij s. iiii d. Item do et lego fratri Johi Armithwayt ordinis predicatorum iiij s. Item fratri Rico de Barton xl d. Item fratribus minoribus Karli do et lego dimidiam marcam. Item Roberto famulo meo ii juvencas que sunt apud Les Lathes[1]. Item Ade Hunt unam vaccam que est ibidem. Item ad emendacionem domorum Rectorie de Ulnesby do et lego xviij quercus. Item monialibus de Armythwayt unam vaccam que est apud Ulnesby. Item monialibus de Lamley unam juvencam que est apud Denton. Item priorisse de Lamley dimidiam marcam. Item Roberto Dynok do et lego omnia ligna ordinata pro plaustro que habet in manu. Item fratribus de Appelby et de Penrith do et lego dimidiam marcam per equales porciones. Item do et lego calicem novum ecclesie de Ulnesby loco quarte porcionis vendicande a fratribus apud quos sum sepultus[2]. Item do et lego ecclesie de Farlham[3] vestimentum meum novum. Item lego portiforium meum et omnes alios meos libros Johi filio Reginal. de Meke. Item do et lego cuilibet sacerdoti venienti ad exequias meas vi d. Item Johi de Dolsanby do et lego xl d. de dimidia marca quam michi debet. Item do et lego Johi de Alaynby capellano unam tunicam furratam de blueto cum capucio. Item do et lego fratri Johi de Armythwayt predicto arietem quem habeo apud Les Laythes. Item do et lego pueris Cecilie sororis mee quatuor marcas quas Johannes del Mosse michi debet. Item duas marcas quas Reginaldus Meke michi debet lego pueris ex Enota sorore mea legitime procreatis. Item do et lego unum capucium novum Cecilie sorori mee quod Joh. de Dolsanby habet in custodia sua. Item lego aliam vaccam Enote quam Clemens de Clifton habet in custodia

[1] There is more than one place of this name in Cumberland. The word means a barn.

[2] This legacy appears to be a compromise for some claim the *fratres predicatores* of Carlisle had against Ousby church in Cumberland.

[3] Farlam in Cumberland, near Brampton.

sua. Item volo quod quicquid remanserit pecunie mee in manibus executorum meorum detur uni sacerdoti ad celebrandum pro anima mea per tantum tempus pro quanto se extendit. Item in convocacione amicorum do et lego x s. Item residuum omnium bonorum meorum Cecilie et Enote sororibus meis et pueris suis. Et volo et ordino quod si quis puerorum sororum mearum obierit quod (*sic*) porcio sua inter ceteros viventes utriusque sororis dividatur. Et ad istud testamentum bene et fideliter exequendum hos constituo executores meos viz. dominum Johem de Midleton capellanum Reginaldum Meke et Johem del Mosse hiis testibus Thome del Bek et Roberto Wakeman et multis aliis.

Proved at Rose, 3 *March*, 1361/2.

XLI. TESTAMENTUM RECTORIS ECCLESIE DE KIRKOSWALD.

Reg. vol. 2, folio 88. Trans. vol. 3, p. 129.

IN dei nomine Amen. Coram nobis Gilberto etc. xxiiij die Martii anno MCCCLXI[1] probatum fuit testamentum domini Rici de Monte nuper rectoris ecclesie Kirkoswald nostre diocesis defuncti nuncupative factum in hec verba.

In primis idem dominus Ricus legavit animam suam deo beate Marie et omnibus sanctis et corpus suum ad sepeliendum in ecclesia de Kyrkoswald predicta. Item sumptibus funeralibus deductis et debitis suis persolutis omnia bona sua dedit et legavit Johi de Laysingby. Et ad exequendam et fideliter implendam hanc ultimam voluntatem suam Adam de Alaynby fecit et constituit executorem suum.

---

[1] 24 March 136¼. This testator was cited by the bishop on Feb. 23, 136¼ to shew cause why, being worn out by age, he should not have a coadjutor imposed upon him. He had been instituted on June 13, 1323, on the presentation of Sir John de Castro, who had married the widow of Thomas de Multon of Gilsland. Richard de Monte was succeeded by John de Appleby on the presentation of Ranulph de Dacre lord of Gilsland. Kirkoswald is a parish in Cumberland on the Eden.

XLII. Testamentum Rectoris de Croglin[1] Nuncupative Factum.

Reg. vol. 2, folio 88.   Trans. vol. 3, p. 129.

In dei nomine Amen. Probatum etc. octavo die Aprilis anno domini MCCCLXII testamentum domini Thome nuper rectoris ecclesie de Croglin nostre diocesis defuncti nuncupative factum in hec verba.

In primis legavit animam suam deo et beate Marie et omnibus sanctis et corpus suum ad sepeliendum in cimiterio ecclesie parochialis de Croglin. Item legavit domino Episcopo Karl. melius averium suum nomine mortuarii si debeatur de jure viz. meliorem bovem suum. Residuum vero bonorum suorum debitis suis que se extendunt ad quadraginta solidos executoribus suis prius solutis posuit in dispositione Johis vocati Littel Johis de Knaresdale et Johis de Croglin ad faciendum pro anima sua secundum quod vellent coram deo respondere quos constituit exccutores suos.

Proved at Rose, 8 *April*, 1362.

XLIII. Probacio Testamenti Willi dicti Heremite Capelle Sci Petri juxta Lynstok[2] Nuncupative Facti.

Reg. vol. 2, folio 89.   Trans. vol. 3, p. 130.

In dei nomine Amen. Probatum fuit etc. xvij die mensis Aprilis anno dni MCCCLXIJ testamentum Willi dicti

[1] Croglin, a parish in Cumberland on the Eden.
[2] Linstock in early times was the palace of the bishops of Carlisle before they moved to Rose. It was situate in the parish of Stanwix about two miles from Carlisle, on the river Eden, and was much exposed to attacks from Scotland. At Linstock in 1294 John Halton, bishop of Carlisle, entertained the archbishop of York and his suite. Edward I. also stayed there as the bishop's guest. No trace of the chapel of St Peter now exists, but the hermit seems to have had a nice little herd of cows and some cash as well.

heremite capelle Sci Petri juxta Linstock etc. nuncupative factum in hec verba. In primis legavit animam suam deo et beate Marie et corpus suum ad sepeliendum in cimiterio ecclesie nostre Cathedralis beate Marie Karli et eidem ecclesie unam vaccam nomine mortuarii. Item legavit fabrice ejusdem ecclesie unam vaccam. Item legavit ecclesie sue parochiali de Staynwegges[1] unam vaccam nomine mortuarii. Item vicario ecclesie de Irthyngton unam vaccam. Item domino Johi Boon unam vaccam. Item presbyteris et clericis ipsius exequiis interessentibus pretium unius vacce inter ipsos juxta ordinacionem executorum suorum dividendum. Item fabrice pontis de Eden viginti solidos sterlingorum. Item Willmo de Strickland clerico duodecim denarios. Item domino Roberto de Louther presbytero decem denarios. Et ad exequendam hanc ultimam voluntatem suam Johannem Nicolson de Karlo et Patricium Bakester de eodem fecit et ordinavit executores suos quibus residuum omnium bonorum suorum superius non legatorum dedit et legavit ut ipsi pro anima ejus ordinent et disponant pro ut anime sue saluti melius viderint expedire.

Proved at Rose, 17 *April*, 1362.

XLIV. TESTAMENTUM ADE LOUSON NUNCUPATIVE FACTUM.

Reg. vol. 2, folio 89. Trans. vol. 3, p. 130.

IN dei nomine Amen. Probatum etc. xxix die mensis Aprilis anno domini MCCCLXII testamentum Ade Louson de Bristowe[2] defuncti nuncupative factum in hec verba videlicet corpore suo tradito ecclesiastice sepulture ac debitis suis solutis residuum bonorum suorum dedit et legavit Matilde uxori sue et liberis suis.

Proved at Rose, 29 *April*, 1362.

[1] Stanwix, see note p. 43.
[2] Brisco, a hamlet near Carlisle.

XLV. Testamentum Gilb. Smyth de Amotbrigg[1] nuncupative factum.

Reg. vol. 2, folio 90. Trans. vol. 3, p. 131.

In dei nomine Amen. Probatum etc. duodecimo die Maii anno domini MCCCLXIJ etc. in hec verba videlicet corpore suo tradito ecclesiastice sepulture ac debitis prius solutis residuum bonorum suorum dedit et legavit Agneti uxori sue et liberis suis quam quidem Agnetem fecit et constituit executricem suam.

Proved at Rose, 12 *May*, 1362.

XLVI. Testamentum Will. de Stapelton Senioris nuncupative factum.

Reg. vol. 2, folio 90. Trans. vol. 3, p. 131.

In dei nomine Amen. Probatum etc. xx° die Maii MCCCLXIJ etc. in hec verba.

In primis legavit animam suam deo et beate Marie et corpus suum ad sepeliendum in cimiterio ecclesie parochialis de Edenhalle[2] et eidem ecclesie melius averium suum nomine mortuarii. Item voluit et ordinavit quod Willmus filius suus caperet de armamento[3] suo quantum sibi placeret. Et quod residuum detur vicario dicte ecclesie ad emenda vestimenta pro ecclesia supradicta. Item legavit Emme filie sue decem solidos sterlingorum et quatuor petras lane. Item voluit et ordinavit quod de residuo bonorum......suam ......debitis suis et expensis funeralibus prius solutis conducerentur capellani ad celebrandum pro anima sua. Et ad

---

[1] Eamont bridge between Cumberland and Westmorland.
[2] Edenhall is in Cumberland and was brought by a Stapleton heiress into the Musgrave family with whom it now is.
[3] The word is either *armamentum* tackle, or *armentum* cattle.

hanc ultimam voluntatem suam fideliter exequendam Willm et Johem filios suos ac Willm de Whytelawe fecit et ordinavit executores suos.

Proved at Rose, 20 *May*, 1362.

XLVII. TESTAMENTUM HUGONIS DE CRESSOPP NUNCUPATIVE FACTUM.

Reg. vol. 2, folio 90.   Trans. vol. 3, p. 131.

IN dei nomine Amen. Probatum etc. xx die Maii MCCCLXIJ etc. in hec verba.

In primis legavit animam suam deo et corpus suum ad sepeliendum in cimiterio ecclesie parochialis de Edenhalle. Item eidem ecclesie equum suum cum cella ac gladium suum nomine mortuarii. Item in cera ardenda circa corpus suum et in vigiliis nocturnis tres solidos sterlingorum. Item vicario de Edenhalle dimidiam marcam argenti. Item voluit et ordinavit quod residuum bonorum suorum detur fratribus minoribus Karli ad celebrandum pro anima sua si illud suus administrator voluerit sin autem ordinavit quod de dicto residuo conduceretur aliquis capellanus ad celebrandum pro anima sua. Et ad exequendam hanc ultimam voluntatem suam Henricum Shepehird et Simonem de Kendall fecit et ordinavit executores suos.

Proved at Rose, *May* 20, 1362.

XLVIII. TESTAMENTUM ISOLÆ UXORIS JOHIS SCOT DE EDENHALL DEF.[1]

Reg. vol. 2, folio 91.   Trans. vol. 3, p. 131.

---

[1] The will is not set out—merely a memorandum that on 20th day of May 1362 the nuncupative will of Isola wife of John Scot of Edenhall was proved, and administration given to John Scot the executor mentioned therein.

XLIX. TESTAMENTUM ISABELLE QUE FUIT UXOR
WILLI DE STAPLETON SENIORIS DEFUNCTI[1].

Reg. vol. 2, folio 91.   Trans. vol. 3, p. 132.

IN dei nomine Amen. Probatum etc. xxiij die Maii MCCCLXIJ etc. in hec verba.

In primis legavit animam suam deo et corpus suum ad sepeliendum in cimiterio ecclesie parochialis de Edenhalle et eidem ecclesie melius averium suum nomine mortuarii. Item voluit et ordinavit quod decem marce quas quidam Gilbertus Palfrayman quondam famulus domini Johis de Lancastre Domini de Stanstede militis defunctus penes ipsum ad distribuendum pro anima dicti domini Johis dimiserat distribuantur pro anima ejusdem Johis. Item ordinavit quod solvantur cuidam Eufemie del Castell nuper ancille sue viginti solidi sterlingorum in quibus sibi tenebatur. Item legavit domino Rico de Langwathby unum psalterium. Item Isabelle uxori Willi de Stapleton junioris sellam suam meliorem. Item Emme filie Willi de Stapleton senioris robam suam meliorem forcerin[2] suum cum velis suis et unam sellam. Item ordinavit quod residuum bonorum suorum distribuatur pro anima sua juxta ordinacionem Thome de Sandford et Willmi de Whitelawe quos fecit et constituit executores suos.

Proved at Rose, 23 *May*, 1362.

L. TESTAMENTUM DNI HEN. RECTORIS DE SCALEBY
NUNCUPATIVE FACTUM.

Reg. vol. 2, folio 91.   Trans. vol. 3, p. 132.

IN dei nomine Amen etc. xxiii Junii anno domini

---

[1] *Ante* p. 45.
[2] A cabinet, a desk or coffer with its coverings.
[3] A parish to the north of Carlisle.

MCCCLXIJ testamentum Henrici Martyn nuper vicarii ecclesie de Scaleby etc. in hec verba.

In primis legavit animam suam deo beate Marie et omnibus sanctis et corpus suum ad sepeliendum in choro ecclesie omnium sanctorum de Scaleby. Item legavit tres libras cere ad ardendum circa corpus suum die sepulture sue. Item Agneti famule sue duos solidos sterlingorum. Item domino Johi del Denes capellano iii s. iiij d. Totum vero residuum bonorum suorum debitis suis solutis dedit et legavit Willo Martyn et Johi del Hall. Et ad exequendam hanc ultimam voluntatem suam predictum dominum Johem et Willum Martyn fecit et constituit executores suos.

Proved at Rose, 23 *June*, 1362.

LI. TESTAMENTUM DNI ADE DE WYGETON VICARII ECCLESIE DE ADYNHAM[1].

Reg. vol. 2, folio 93. Trans. vol. 3, p. 134.

EGO Adam de Wygeton perpetuus vicarius ecclesie de Adyngham condo testamentum meum in hunc modum die Lune proximo ante festum Sce Margarete anno domini MCCCLXIJ[2]. In primis do et lego animam meam deo et beate Marie et omnibus sanctis et corpus meum ad sepeliendum in choro ecclesie Sci Michaelis de Adyngham. Item lego quinque cereos apud corpus meum ad comburendum die sepulture mee. Item in oblacionibus xl d. Item lego calicem argenti deauratum ad altare beate Marie Karli ubi cantatur missa de Domina cotidie. Item lego in celebracione divinorum sive in aliis elemosinis secundum ordinacionem et discrecionem executorum meorum xi marcas. Item do et lego totum residuum bonorum meorum Rico

---

[1] Addingham, a parish in Cumberland, to which Walter de Helton was instituted on the death of Adam de Wigton on the presentation of the Chapter of Carlisle.

[2] Monday before July 20, 1362.

Vaux et Alano de Blenerhasset. Et ad istud testamentum fideliter faciendum facio et constituo predictos Ricum et Alanum executores meos.

Proved at Rose, 30 *June*, 1382.

LII. TESTAMENTUM NICH' DEL HALL DE CROSSEBY NUNCUPATIVE FACTUM.

Reg. vol. 2, folio 93. Trans. vol. 3, p. 135.

IN dei nomine Amen. Probatum etc. G. etc. in domo capitulari ecclie nre cathedralis beate Marie Karli vicesimo quinto die Jul. anno domini MCCCLXIJ testamentum Nicholai del Hall de Crosseby defuncti nuncupative factum in hec verba.

In primis legavit animam suam deo et beate Marie et omnibus sanctis et corpus suum ad sepeliendum in cimiterio ecclesie sci Johis de Crosseby et eidem ecclesie melius averium suum nomine mortuarii. Item in oblacionibus et in vigiliis nocturnis ij s. argenti. Item fabrice ecclesie beate Marie Karli iij s. iiij d. argenti. Item luminaribus ecclesie de Crosseby predicte iij s. iiij d. argenti. Item utrique ordini fratrum mendicatorum Karli iij s. iiij d. Residuum vero bonorum suorum dedit et legavit Godithe uxori sue et liberis suis. Et ad hanc ultimam voluntatem suam exequendam Willm Robynson de Lynstokt fecit & constituit executorem suum.

Proved in the Chapter House, Carlisle, 22 *July*, 1362.

LIII. TESTAMENTUM WILL. DE FENTON CLERICI.

Reg. vol. 2, folio 93. Trans. vol. 3, p. 135.

IN dei nomine Amen. Ego Will. de Fenton clericus Karl. diocesis die Sce Marie Magdalene anno domini MCCCLXIJ[1] condo testamentum in hunc modum. In primis

---
[1] July 22, 1362.

lego animam meam deo et beate Marie et omnibus sanctis et corpus meum ad sepeliendum in cimiterio ecclesie Beate Marie Karl. cum meliori averio meo nomine mortuarii. Item in lumine v s. Item fabrice ecclesie beate Marie Karli dimidiam marcam. Item ecclesie beate Marie predicte pro decimis oblitis et aliis xx s. Item fabrice ecclesie beate Marie de Holmcoltram xl s. Item ecclesie de Lanercost v s. Item fratribus predicatoribus et minoribus Karli ad celebranda pro anima mea et animabus eorum quorum res vel bona injuste habui vel admitti feci xiij s. iiij d. Item fratribus de Penreth et de Appelby tantum in forma predicta. Item Roberto Usher dimidiam marcam. Item Margarete uxori sue dimidiam marcam. Item ponti de Eden juxta Karlm iii s. iiij d. Item ponti de Petrell inter Karlm et Henryby[1] vi s. viij d. Item ponti [sic] de Kirkoswald et Salkeld et Temple Saureby x s. per equales porciones. Item Magistro scolarum et undecim reliquis presbyteris Civitatis Karli ad celebrandum in forma predicta xxiiij s. per equales porciones. Item Elie Martyn de Crosthwayt xij d. Item Henrico filio Ade Wyllyknap de Crosseby in Allerdale xii d. Item Willmo Whytheved dimidiam marcam et sex agnos quos dedit michi Vicarius de Adyngham. Item Johem filium Ade filie Rogeri pelliparii constante necnon vero et legitimo inter me et eam legitime[2] contracto procreatum conceptum et natum heredem in tenementis meis de Fenton et Karleton cum pertinenciis suis michi instituo. Item do et lego ad celebrandum pro anima mea et dicte Ade tenementum meum sive Burgagium in vico Castri Karl. Item do et lego utensilia domus et vestimenta mea dictis Ade filie Rogeri et Johi filio suo et Mariote filie sue si vivant. Et siquis vel qui eorum decedat de mortalitate presenti superstes vel superstites habeant. Item Willmo filio Thome ii s. tunicam capucium et collobium mea de blueto. Item Johi et Isa-

---

[1] *Hodie*, Harraby.
[2] " Matrimonio " must be omitted.

belle pueris Robti Usshar dimidiam marcam per equales porciones. Item volo quod libri mei omnes vendantur et pretium eorum et residuum omnium meorum ad distribuendum vel celebrandum vel faciendum pro anima mea et animabus predictis ac omnium fidelium defunctorum in forma predicta. Et magistrum Adam de Calebeck dominos Johem Bowett Johem de Mydelton presbyteros Robtum Goldsmyth executores meos constituo. In cujus rei testimonium sigillum meum presentibus est appensum et eciam sigillum officii Karli quod ad manus habeo presentibus apposui in testimonium premissorum.

Proved at Rose, 26 *July*, 1362.

LIV. TESTAMENTUM HENRICI DE ASBRIGG.

Reg. vol. 2, folio 94. Trans. vol. 3, p. 137.

IN dei nomine Amen. Ego Hen. de Asbrigg feria quarta post festum Sci Marci Evangeliste anno domini MCCCLXIJ[1] condo testamentum meum in hunc modum. In primis lego animam meam deo et beate [Marie] et omnibus sanctis et corpus meum ad sepeliendum in cimiterio Capelle de Seburgham cum meliori averio meo pro mortuario. Item do et lego in oblacionibus circa corpus meum ij s. Item do et lego in cera vi d. Item do et lego unum animal et eskepp farine ad distribuendum pauperibus die sepulture mee. Item do et lego priori et conventui beate Marie Karl. i marcam. Item do et lego fratribus predicatoribus in eodem loco dimidiam marcam. Item do et lego fratribus minoribus ejusdem loci xl d. Item do et lego ponti de Seburgham dimidiam marcam. Item do et lego Roberto filio Ade Berwys i marcam. Item do et lego Margarete filie Ade de Berwyse i vaccam cum vitulo. Item do et lego Hen° filio Joh[s] de Monkhouys i animal trium annorum.

---

[1] On the Wednesday after April 25, 1362. Sebergham is in Cumberland.

Item do et lego Willmo garcioni meo i juvencam iij annorum vel ultra. Item do et lego Thome garcioni meo i juvencum iij annorum. Item do et lego Henrico filio Thome Miln(er) ovem cum agno. Item do et lego uxori et filiabus Will. Colthird i juvencam duorum annorum. Item do et lego Will⁰ de Langrygg i cotam. Item do et lego pueris Johis Redheved ii marcas. Item do et lego Domino Johi de ......presbytero xl d. Item do et lego uni sacerdoti ad celebrandum pro anima mea per annum vii marcas. Item do et lego vi paria sotularium pauperibus pro anima mea. Residuum do et lego uxori mee et Agneti filie mee si casus contigerit quod filia mea moriatur revertat pars ejus uxori mee et quod ipsa pro anima mea faciat secundum voluntatem meam ad quod quidem fideliter peragendum hos constituo executores meos Adam de Berwyse et Anallam uxorem meam. Hiis testibus Johe de Tympton et Johe Stalker.

Proved at Rose, 7 *July*, 1362.

LV. Testamentum Elene que fuit uxor Johis del Monkhouse de Seburgham.

Reg. vol. 2, folio 94. Trans. vol. 3, p. 138.

IN dei nomine Amen. Probatum etc. xxvij die mensis Jul. anno domini MCCCLXIJ testamentum Elene que fuit uxor Johis del Monkhous de Seburgham[1] defuncte nuncupative factum in hec verba.

In primis legavit animam suam deo et beate Marie et corpus suum ad sepeliendum in cimiterio capelle de Seburgham Et eidem ecclesie melius averium * * * * * conducens nomine mortuarii. Item in cera ardenda circa corpus suum die sepulture sue vi d. Item in oblacionibus vi d. Item domino Nicolao capellano parochiali dicte ecclesie de Seburgham ad orandum pro anima sua xij d.

---
[1] Sebergham in Cumberland.

Item utrique ordini fratrum mendicatorum de Karlo iij s.
iiij d. Residuum vero bonorum suorum corpore suo juxta
statum suum honorifice sepulto dedit et legavit predicto
Johi de Monkhous et liberis suis inter eosdem procreatis
quem quidem Johem suum fecit et constituit executorem.

Proved at Rose, 27 *July*, 1362.

LVI. PROBACIO TESTAMENTI THOME BARTON R. DE LEVINGTON NUNCUPATIVE FACTI.

Reg. vol. 2, folio 94. Trans. vol. 3, p. 138.

IN dei nomine Amen. Probatum etc. xxvij die Jul. anno domini MCCCLXIJ testamentum domini Thome de Bartona[1] nuper rectoris ecclesie de Levyngton[2] nostre dioc. defuncti nuncupative factum in hec verba.

In primis legavit animam suam deo et beate Marie et omnibus sanctis et corpus suum ad sepeliendum in choro ecclesie de Levyngton. Item in lumine circa corpus suum die sepulture sue ardendo vi s. viij d. Item in pane ad distribuendum pauperibus die sepulture sue vi s. viij d. et unum carcas bovis. Item legavit pro expensis funeralibus duas vaccas sex bidentes unum eskepp brasei et decem s. pro pane emendo. Item capellano ad celebrandum pro anima sua et animabus omnium fidelium defunctorum vi s. viii d. Item fratribus minoribus et predicatoribus Karli vi s. viii d. per equales porciones. Item fabrice ecclesie

---

[1] Thomas de Barton was presented to the Rectory of Kirklinton in 1332 by Edw. III., who claims to present in right of the heir of Peter de Southwaic then in ward to the king and also in right of the lands of Walter de Corry forfeited for siding with the Scots. Peter De Tilliol and Walter Kirkbride also present Barton. The patronage of this living was frequently in dispute as it had fallen to the six sisters of Ranulph de Levington in the time of Hen. III. John Bone was instituted July 25, 1362 on death of Barton on presentation of Sir Robert De Tilliol, and he got leave of absence for a year on July 27.

[2] *Hodie*, Kirklinton in North Cumberland.

beate Marie Karli iii s. iiii d. Item ad emendacionem chori ecclesie de Levyngton xl s. Item legavit Cecilie ancille sue duas vaccas et duos vitulos. Item legavit Agneti ancille sue octo oves. Item Mariote filie Johis filii Willmi de Patrickdale sex bidentes. Item Thome filio suo tres boves tres vaccas unum juvencum et quadraginta bidentes. Item cuilibet de servientibus suis unam vaccam. Juliane uxori Ade de Agillony duas petras lane. Item Hugoni de Levyngton unum Hakeney Dun. Item domino Ade Wyse unam arcam que est in domo domini Johis de Wyltona. Item domino Johi de Wyltona duas maserras. Item Thome filio Willmi Bisset et Agneti filie ejusdem Willmi xij oves. Item legavit medietatem de residuo bonorum suorum superius non legatorum predicto Thome filio suo. Et de alia medietate de residuo ordinavit quod conducatur unus capellanus ad celebrandum pro anima sua et animabus omnium fidelium defunctorum. Et ad exequendum suam hanc ultimam voluntatem dominum Henricum de Graystoke Adam de Agelonby et Thomam filium suum fecit et constituit executores suos.

Proved at Rose, 27 *July*, 1362.

LVII. TESTAMENTUM MATHEI TAILLOUR DE
WIGTON NUNCUPATIVE FACTUM.

Reg. vol. 2, folio 95. Trans. vol. 3, p. 139.

IN dei nomine Amen. Probatum etc. xxix die Jul. anno domini MCCCLXIJ testamentum Mathi Tayllor de Wigtona &ct. nuncupative factum in hec verba.

In primis legavit animam suam deo et beate Marie et omnibus sanctis et corpus suum ad sepeliendum in cimiterio ecclesie de Wygtona et eidem ecclesie melius averium nomine mortuarii. Item pro vigiliis nocturnis viii d. Item in oblacionibus xviij d. Item in lumine circa corpus suum die sepulture sue xvi d. Item in distribucione pauperum ij s. et unam vaccam. Item ordinavit quod duodecim misse in quindenam post obitum suum pro anima sua celebrentur. Item legavit Nicholao famulo suo viij s. Item Matho filio Patricii Lytster xij d. Item Rico filio Nicholai xij d. Item Roberto filio Godithe xij d. Residuum vero bonorum suorum debitis suis solutis dedit et legavit Roberto de Wampole et Alice uxori sue quos constituit executores suos.

Proved at Rose, 29 *July*, 1362.

LVIII. TESTAMENTUM THOME BREDEMAN DE WYGTON.

Reg. vol. 2, folio 95. Trans. vol. 3, p. 139.

IN dei nomine Amen. Probatum etc. xxix die Jul. anno domini MCCCLXIJ &ct. testamentum Thome Bredeman de Wygtona &ct. nuncupative factum in hæc verba.

In primis legavit animam suam deo et beate Marie et omnibus sanctis et corpus suum ad sepeliendum in cimiterio ecclesie de Wygtona si contingit ipsum ibidem decedere et cum corpore suo melius averium suum nomine mortuarii. Item pro vigiliis nocturnis viii d. Item in distribucionem pauperum et convocacionem vicinorum die sepulture sue x s. argenti et unam vaccam. Item ordinavit quod triginta misse pro anima sua celebrentur. Residuum vero bonorum suorum dedit et legavit Alice uxori Henrici Walker de Wygtona quam constituit executricem suam onerans eam in periculo anime sue ut de hoc residuo bonorum pro anima ipsius defuncti ordinet et disponat sicut vellet quod pro ipsa faciat si sibi casus consimilis accidisset.

Proved at Rose, 29 *July*, 1362.

LIX. Testamentum Gilberti Anotson de Dalstona.

Reg. vol. 2, folio 95. Trans. vol. 3, p. 140.

In dei nomine Amen. Probatum &ct. xxix die Jul. anno domini MCCCLXIJ &ct. Gilberti Anotson de Dalstona defuncti nuncupative factum in hec verba.

In primis legavit animam suam deo et beate Marie et omnibus sanctis et corpus suum ad sepeliendum in cimiterio ecclesie de Dalstona et eidem ecclesie melius averium suum nomine mortuarii. Item in oblacionibus xij d. Item in luminaribus circa corpus suum die sepulture ii s. Item vicario de Dalstona xij d. Item capellano parochiali xij d. Item ecclesie parochiali de Dalstona vi d. Residuum vero bonorum suorum corpore suo * * * eccliastice sepulture debitis suis solutis dedit et legavit uxori suo et liberis suis. Item legavit luminaribus beate Marie in ecclesia parochiali unum quarterum ordei. Et ad exequendam hanc ultimam suam voluntatem Robertum Anotson et Johem del Grene fecit et constituit executores suos.

Proved at Rose, 29 *July*, 1362.

LX. Testamentum Ade de Hoton Rectoris de Kirkbythore[1].

Reg. vol. 2, folio 96. Trans. vol. 3, p. 141.

In dei nomine Amen. Ego Adam de Hoton Rector de Kirkbythore Karli dioc. die Jouis proximo ante festum Sci Dionisii anno domini MCCCLXI[2] condo testamentum meum in hunc modum. Item lego animam meam deo et beate

---

[1] Kirkbythore in Westmorland.

[2] Thursday before October 9, 1361. Adam de Hoton was presented by Edw. III. in 1354 in right of the infant son and heir of Lord Robert Clifford, then ward to the crown. On Hoton's death, Lord Roger de Clifford presented Will. de Corbrigg.

Marie et omnibus sanctis et corpus meum ad sepeliendum ubi deus disposuerit. Item do et lego in oblacionibus cera et aliis funeraticis die sepulture mee vi li. xiij s. iii d. Item lego in distribucione pauperum xl s. Item lego capellanis ad celebrandum pro anima mea xx libras. Item lego quatuor ordinibus fratrum viz. de Karl. Appelby et Penrith xx s. viz. cuilibet ordini v s. Item lego Christiane matri mee et Johanni fratri meo et liberis ipsius Johannis vi li. xiii s. iiij d. Item lego domino meo domino Rogero de Clifford xl s. Item lego domino Henrico de Graystok magistro meo xl s. Item Nicholao de Whyterigg nuper clerico meo xl s. Item lego Will. de Hoton procuratori meo xl s. Item lego domino Johi de Sowreby et Johi Donkyn Capellanis meis xxvi s. viii d. viz. alteri eorum xiii s. iiij d. Item volo quod omnes alii servientes mei quilibet secundum statum suum et secundum disposicionem executorum meorum pro temporibus quibus michi servierunt rationabiliter remunerentur. Residuum vero omnium bonorum meorum non legatorum lego executoribus meis ad faciendum pro anima mea prout ipsi coram Deo in periculo animarum suarum velint respondere. Et ad istud testamentum meum fideliter exequendum hos facio et constituo executores meos viz. dominos Henricum de Graistock Rectorem ecclesie de Rowleye[1] Johem Parvyng Rectorem ecclesie de Skelton Henricum de Mallerstang Johem Donkyn Capellanum Joh. Bauken de Wygton et Will. de Hoton procuratorem meum. Dat. apud Kirkbythore die et anno supradictis.

                    Proved at Rose, 4 *Aug.* 1362.

[1] In the diocese of York.

LXI. TESTAMENTUM THOME DE ALAYNEBY CIVIS
ET MAJORIS KARL.

Reg. vol. 2, folio 96. Trans. vol. 3, p. 142.

IN dei nomine Amen. Ego Thomas de Alaynby de Karl. die Sabbati proximo post festum Sci Jacobi Apostoli anno domini MCCCLXIJ[1] condo testamentum meum in hunc modum. In primis lego animam meam deo et beate Marie et omnibus sanctis et corpus meum ad sepeliendum in cimiterio Sci Cuthberti Karl. cum meliori averio et panno meo nomine mortuarii. Item lego in cera ad comburendum circa corpus meum die sepulture mee v s. Item lego fratribus predicatoribus et minoribus Karl. per equales porciones xxvi s. viij d. Item lego presbytero parochiali ecclesie Sci Cuthberti ii s. Item lego conventui de Holm Cultrum xx s. Item lego cuilibet presbitero seculari celebranti infra Karl. xij d. per equales porciones. Item lego tenementum meum in quo maneo Marie uxori mee ad totam vitam suam et post decessum suum rectis heredibus meis. Item lego conventui ecclesie beati Karl. ad unam pietanciam xiij s. iiij d. Item lego lumine beate Marie in ecclesia Sci Cuthberti iiij skeppas ordei i skeppam frumenti et i bovem. Item do et lego Marie uxori mee totum redditum meum in schoppis et solaribus que fuerunt Henrici de Staunton et habui ex concessione dicti Hen. de Staunton in novo redditu sibi et heredibus suis. Item do et lego dicte Marie uxori totum illum tenementum in vico Ricardi quod quondam fuit Willelmi de Lochmabane sibi et heredibus suis. Item do et lego Christiane filie mee et heredibus suis de corpore suo exeuntibus omnia tenementa et terras que fuerunt Margarete matris dicte Cristiane et si

---

[1] Saturday after the 25 July, 1362. Alayneby, or Allonby, is a well known seaside resort in Cumberland in the parish of Bromfield, which adjoins that of Holm Cultram.

dicta Cristiana obierit sine herede de corpore suo exeunte tunc omnia predicta terre et tenementa Adamo filio meo et heredibus de corpore suo exeuntibus remaneant. Et si idem Adam. sine herede de corpore suo exeunte obierit tunc omnia terre et tenementa Thome filio meo et heredibus de corpore suo exeuntibus remaneant. Et si idem Thomas sine herede de suo corpore exeunte obierit tunc omnia predicta terre et tenementa rectis heredibus meis remaneant in perpetuum. Item lego dicte Cristine filie mee totam porcionem meam utensilium domus mee. Item dicte Cristine iiij eskeppas frumenti iiij eskeppas avene vi eskeppas siliginis iiij boves dimidiam sakkam lane i pelvem i lavacrum et i ciphum murreum et i ciphum argenteum coopertum cum vi libris argenti. Et si dicta Cristiana obierit ante festum pentecosti proximum futurum post datam presencium tunc volo quod omnia utensilia predicta aliis pueris meis qui tunc vivunt remaneant. Item lego Rico fratri meo xxxiij s. iiij d. Item lego matri mee xiij s. iiij d. Item lego Stephano de Karl. vi s. viij d. Item do et lego residuum omnium bonorum Domino Petro de Morland Ade de Alaynby Marie uxori mee et Stephano de Karleolo. Et ad istud testamentum fideliter implendum hos constituo facio et ordino executores meos viz. dictos dominum Petrum de Morland Adam. de Alaynby Mariam uxorem meam et Stephanum de Karleolo. In cujus rei testimonium presentibus est appensum[1]. Dat. apud Karl. die et anno supradictis.

       Proved, Rose, *Aug.* 4, 1362.

[1] "sigillum meum" omitted.

LXII. TESTAMENTUM DNI JOH. DE SEBURGHAM
VICARII DE WALTONA[1].

Reg. vol. 2, folio 97. Trans. vol. 3, p. 144.

EGO Joh. de Seburgham die Jouis proximo post festum Sci Jacobi Apostoli anno domini MCCCLXIJ[2] condo testamentum meum in hunc modum. In primis do et lego animam meam deo et beate Marie et omnibus sanctis et corpus meum ad sepeliendum in ecclesia Fratrum minorum Karlioli. Item lego in lumine ad comburendum circa corpus meum die sepulture mee iij s. iiij d. Item lego in distribucione pauperum lx s. Item in convocatione vicinorum xx s. Item lego uni vestimento in quo corpus meum sepelietur vi s. viij d. Item lego Elinote filie Alicie v marcas. Item lego Johi filio Margarete de Hubrigthby xl s. qui ponendi in manus Johis Marchale. Item fratribus perdonariis vi s. viii d. Item minoribus xx s. Item lego Johi filio Thome de Alaynby xiij s. iiij d. Item Cristiane filie dicte Thome xiij s. iiij d. Item lego Thome de Alaynby portiforium meum. Item Stephano de Karleolo vi s. viij d. Item Alicie de Ullack xiii s. iiij d. Item Margarete de Hubrightby vi s. viii d. Item Alicie Barker.... Item lego uni presbytero celebranti pro anima mea per unum annum c s. Item lego cuilibet presbytero venienti ad exequias meas tam religiosis quam secularibus vi d. Item Nally servienti Dno Thome de Lucy iij s. iiij d. Johanni Marchale xx s. Item Thome Hog vi s. viij d. Item do et lego residuum omnium bonorum meorum Thome de Alaynby Johi Marschale Stephano de Karlo et Thome Logt. Et ad istud testamentum fideliter faciendum et implendum hos facio et constituo executores meos videlicet dominos Thomam de Alaynby Johem Marshale

[1] Walton in North Cumberland.
[2] Thursday after July 25, 1362.

Stephanum de Karlo et Thomam Logt. In cujus rei testimonium sigillum meum presentibus est appensum.

Proved, Rose, 5 *Aug.* 1362.

LXIII. TESTAMENTUM WILLI LADEMAN DE KIRKEBY-THORE NUNCUPATIVE FACTUM.

Reg. vol. 2, folio 97.   Trans. vol. 3, p. 144.

WILL not set out. Administration given to Thomas Johnson of Kirkeby the executor named in the will. *Aug.* 5, 1362.

LXIV. TESTAMENTUM JOHANNE QUE FUIT UXOR WILLI LADEMAN DE KIRKEBY NUNCUPATIVE FACTUM.

Reg. vol. 2, folio 97.   Trans. vol. 3, p. 145.

WILL not set out. Administration given to Thomas de Yhanewyth[1], the executor named in the will. *Aug.* 5, 1362.

LXV. TESTAMENTUM JOH^{is} DE CULGAYTH DE THORESBY[2] NUNCUPATIVE FACTUM.

Reg. vol. 2, folio 97.   Trans. vol. 3, p. 145.

WILL not set out: administration granted to Adam Page: John All Ale the other executor named being dead.

Proved at Rose, *Aug.* 5, 1362.

LXVI. TESTAMENTUM ADE QUE FUIT UXOR JOH^{is} DE CULGAYTH.

WILL not set out: administration same as last.

Proved at Rose, *Aug.* 5, 1362.

---

[1] Yanwith near Penrith.
[2] Thursby a large parish near Carlisle: Culgaith is a village in the parish of Kirkland in Cumberland.

LXVII. TESTAMENTUM ADE EMMOTSON DE THURSBY NUNCUPATIVE FACTUM.

Reg. vol. 2, folio 98. Trans. vol. 3, p. 145.

WILL not set out : administration granted to Juliana his mother, the executrix named in the will.

Proved at Rose, 5 *Aug.* 1362.

LXVIII. TESTAMENTUM JOHANNE QUE FUIT UXOR EJUSDEM.

Reg. vol. 2, folio 98. Trans. vol. 3, p. 145.

WILL not set out: administration granted to John Smith de Thoresby, executor named in the will.

Proved at Rose, 5 *Aug.* 1362.

LXIX. TESTAMENTUM RICI DE SHORTRIGGES DE THORESBY.

Reg. vol. 2, folio 98. Trans. vol. 3, p. 145.

WILL not set out: administration granted to Rob. de Crofton junior, executor named in the will, his co-executor John de Shortrigges being dead.

Proved at Rose, *Aug.* 5, 1362.

LXX. TESTAMENTUM AGNETIS QUE FUIT UXOR EJUSDEM.

Reg. vol. 2, folio 98. Trans. vol. 3, p. 145.

WILL not set out : administration granted to Rob. de Crofton junior, executor named in the will, his co-executor John de Shortrigges being dead.

Proved at Rose, *Aug.* 5, 1362.

LXXI. TESTAMENTUM JOHE QUE FUIT UXOR ADE
WILKYNSON DEFUNCTI.

Reg. vol. 2, folio 98. Trans. vol. 3, p. 145.

WILL not set out: administration granted to John Smyth, executor named in the will.

Proved at Rose, *Aug.* 5, 1362.

LXXII. TESTAMENTUM JOHIS ALL ALE DE
THORESBY.

Reg. vol. 2, folio 98. Trans. vol. 3, p. 145.

WILL not set out : administration granted to Robert de Crofton junior, executor named in the will.

Proved at Rose, *Aug.* 5, 1362.

LXXIII. TESTAMENTUM WILLI WILKYNSON DE
THORESBY.

Reg. vol. 2, folio 98. Trans. vol. 3, p. 145.

WILL not set out : administration to Will. Jonson of Carthew, named in the will.

Proved at Rose, *Aug.* 5, 1362.

LXXIV. TESTAMENTUM WILL. BOWMAN DE
ADYNGHAM[1].

Reg. vol. 2, folio 98. Trans. vol. 3, p. 145.

WILL not set out : administration granted to Will. de Farnham and John Edwards, executors named in the will.

Proved at Rose, *Aug.* 8, 1362.

---

[1] A parish on the Eden in Cumberland.

LXXV. Testamentum Johis Filii Thome Dobynson de Wygton.

Reg. vol. 2, folio 98. Trans. vol. 3, p. 145.

WILL not set out: administration to Thomas Whytehead of Wigton, executor named in the will.

Proved at Rose, *Aug.* 8, 1362.

LXXVI. Testamentum Dni Joh. Marschall Vicarii de Edenhall[1].

Reg. vol. 2, folio 98. Trans. vol. 3, p. 145.

IN dei nomine Amen. Ego Joh. Marschall perpetuus vicarius ecclesie de Edenhall condo testamentum meum xxix^{mo} die Julii anno domini MCCCLXIJ in hunc modum. In primis lego animam meam deo et beate Marie et omnibus sanctis et corpus meum ad sepeliendum in cimiterio Sci Andree de Penreth. Item in lumine ad ardendum circa corpus meum die sepulture mee iiij libras cere. Item in oblacionibus ii s. In distribucione pauperum xiii s. iiij d. Item in convocacione capellanorum et amicorum die sepulture mee x s. Item pontibus de Amotbrig Lowther Salkeld, Kirkoswald Sourby et Wragmire[2] per equales porciones vi s. Item iiij ordinibus Fratrum iiii s. Item conventui Karl. ad unam appietanciam i bovem. Item ad opus beate Marie Karl. i bovem. Item ad cooperacionem ecclesie de Edenhall xl d. Item ad cooperacionem ecclesie

---

[1] Edenhall in Cumberland near Penrith.

[2] Amotbrig [Eamont bridge] and Lowther bridge are both to the south of Penrith on the London Road, crossing the rivers from which they take their name. Kirkoswald and Salkeld bridges, across the Eden, are now known as Lazonby and Langwathby bridges; the parish of Sourby (Castle Sowerby) now has several bridges in or half in it; Rose bridge over the Caldew is probably the one meant. Wragmire bridge is on the London Road near Causeway House, over the beck which drains Wragmire Moss.

de Penreth ii s. Item executoribus meis x s. Item pro panno lineo ad involvendum corpus meum ii s. vi d. Item ad cooperacionem capelle de Langwathby[1] et ad unum calicem dicte capelle ii s. Item lumini Beate Marie de Penrith ii s. Item Beatrici ancille mee xl s. et i juvencam. Item Will⁰ Wryngester ii s. Item Ade Matson i vaccam cum x s. Item Idonee filie dicte Ade i vaccam et x s. Item Johi filio Ade i vaccam. Item uxori Will. dell Vycares et liberis suis i vaccam. Item residuum omnium bonorum specialiter non legatorum do et lego Ade Matson et Idonee filie ejus. Et ad istud testamentum meum fideliter exequendum hos constituo executores meos videlicet Johem fil. Ade et Will. Dancry.

Proved at Rose, 24 *Aug.* 1362.

LXXVII. TESTAMENTUM DNI THOME RECTORIS DE BURGHAM.

Reg. vol. 2, folio 99. Trans. vol. 3, p. 147.

A⁰ dni MCCCLXIJ die Sabbati proximo ante festum assumpcionis Beate Marie[2] Ego Thomas Rector ecclesie de Burgham condo testamentum meum in hunc modum. In primis lego animam meam deo et corpus meum ecclesiastice sepulture tradendum. Item in lumine vi s. viii d. Item in oblacionibus iii s. iiij d. Item Thome de Grindonn unum juvencum et unum bovem. Item Johe de Gryndon filie Thome de Grindon ii vaccas. Et residuum omnium bono-

[1] Langwathby is a parish (?) adjacent to Edenhall, with which it has been held since 1380, if not longer.

[2] Saturday before 25 August 1362. Brougham is in Westmorland. The testator in this case is Thomas del Close, as we find from the entry in the episcopal register of the institution of his successor, Thomas de Derby, on the presentation of Lord Roger de Clifford. In 1355 Thomas del Close was a commissioner to enquire into some encroachments on the churchyard in Penrith, and in 1357 he had leave of absence from his living for an indefinite time in order that he might attend upon Lord Clifford.

rum meorum superius non legatorum libris meis exceptis et debitis meis et funeralibus expensis predeductis do et lego patri meo et Johi de Redying servo meo. Et ad istam execucionem faciendam Johem Bowes vicarium ecclesie de Kirkebistephan dominum Willum de Carleton capellanum patrem meum et Johem Redying predictos ordino et constituo executores.

Proved at Rose, 30 *Aug.* 1362.

LXXVIII. TESTAMENTUM DNI RICI VICARII DE MORLAND[1].

Reg. vol. 2, folio 99. Trans. vol. 3. p. 147.

EGO Ric. de Hanyngton Vicarius ecclesie parochialis de Morland compos mentis condo testamentum meum die Martis in Vigilia Sci Barthol. Apostoli anno domini MCCCLXIJ[2]. In primis do et lego animam meam deo et beate Marie et omnibus sanctis et corpus meum ad sepeliendum ecclesiastica sepultura. Item do et lego in oblacionibus iii s. iiij d. Item do et lego in cera quatuor libras cere. Item in distribucione pauperum xl s. Item in convocacione vicinorum meorum die sepulture mee xl s. Item in celebracione divinorum xl libras. Et omne residuum bonorum meorum do et lego executoribus meis. Et ad istud testamentum fideliter exequendum tales constituo executores meos dominum Johem juniorem de Bowes vicarium ecclesie de Kirkeby Stephen et Rogerum famulum dicti Johis vicarii.

Proved 30 *Aug.* 1362.

[1] Morland, a parish in Westmorland.

[2] Tuesday, 23 August 1362. Richard de Hanynton in 1334, vicar or prebendary in the collegiate church of Darlington, exchanged that preferment with Hen. de Appleby, vicar of Morland. His successor at Morland was John Murrays, on the presentation of the Abbot and Convent of St Mary's, York.

LXXIX. TESTAMENTUM DNI JOH[s] DE BOGHES VICARII DE KIRKEBY STEPHAN[1].

Reg. vol. 2, folio 101. Trans. vol. 3, p. 149.

IN dei nomine Amen. Ego Joh. del Boghes vicarius ecclesie de Kirkby Stephan Karli dioce' in crastino post festum decollacionis Sci Joh. Bap. anno domini MCCCLXIJ[2] condo testamentum meum in hunc modum. In primis do et lego animam meam deo et beate Marie et omnibus sanctis et corpus meum ecclesiastice sepulture. Item lego in oblacionibus iiij s. Item lego in cera ad comburendum circa corpus meum die sepulture mee vi libras cere. Item lego quatuor ordinibus Fratrum xx s. per equales porciones. Item lego in distribucione pauperum die sepulture mee xl s. Item lego cuilibet sacerdoti divina celebranti infra Decanatum Westmorlandie[3] xii d. Si bona mea ad hoc sufficere poterint. Item lego Abbati de Hepp[4] xxx s. Item domino Johi vicario ecclesie de Burgo subtus Staynmore ii equos juvenes meliores. Item lego domino Johi de Merton unum bovem et unam vaccam et unum equum juvencum. Item lego domino Johi de Fisshwyk rectori ecclesie de Bermyngham unum lectum et unum collobium penulatum[5]. Item lego Johi de Fisshwyk cissori duas vaccas et unum jumentum. Item lego Johi de Warthecopp iij boves et tres vaccas. Item lego Ade Bradebell unam vaccam. Item lego Johi de Bowes germano meo unam saccam lane cum uno lecto. Item lego Rogero de Morland famulo meo et Johi fratri ejus xxx bidentes.

[1] An important town and parish in Westmorland. The testator, John Bowes, is named as executor in the two wills immediately preceding this, where his name is spelt as Bowes; he probably came originally from the town of that name in Yorkshire.

[2] August 30, 1362.

[3] The rural deaneries of the old diocese of Carlisle were Carlisle, Cumberland, Allendale and Westmorland.

[4] Shap.

[5] Probably an overcloak of wool.

Item lego unam vaccam Willielmo de Kirkbride. Item domino Willielmo Colyn unam robam et unum bovem. Item lego dno Johi Yve unum jumentum et unam robam. Item lego Thome filio Johis Coke unam vaccam. Item lego (*sic*) Crane unam vaccam. Item lego domino Johi de Sherborne iiij boves et duo jumenta. Item lego Xtiane de Warthecopp unam vaccam et unum jumentum. Item lego famulis meis duas eskeppas brasii. Item lego Roberto famulo meo unam vaccam et unum jumentum. Item Thome Bateson xl d. Item lego Johi clerico * * * meo residuum omnium bonorum meorum exceptis c solidis ad coopertorium ecclesie de Kirkeby Stephan edificatione parochianorum meorum. Et ad levandum * * * omnes decimas michi debitas et debita mea tam de bonis meis quam de bonis Vicarii de Morland nuper defuncti in testamento suo michi legata et istud testamentum exequendum tales constituo executores viz. dominum Johem de Fisswyk rectorem ecclesie de Bermyngham Johem de Warthecopp Rogerum de Morland famulum meum et Johem fratrem suum. Item lego Ade Grayne unam vaccam.

Proved at Rose, *Sept.* 1362.

LXXX. Testamenti Dni Johis Vicarii de Bampton.

Reg. vol. 2, folio 101. Trans. vol. 3, p. 150.

In dei nomine Amen. Ego Johes de Askeby Vicarius de Bampton[1] condo testamentum meum in hunc modum die natalis beate Marie virginis anno domini MCCCLXIJ[2]. In primis do et lego animam meam deo et corpus ad sepeliendum in choro ecclesie Sci Patricii de Bampton cum hiis que Deo et ecclesie de jure debentur. Item lego in lumine iij libras cere. Item in oblacionibus xl d. Item lumini beate Marie de Karlo ij s. Item capelle Sci Thome ecclesie de Bampton ij s. Item fabrice (*sic*) pontis de

---

[1] Bampton in Westmorland. [2] September 8, 1362.

Bampton iij (*sic*) per equales porciones. Item Eve sorori
mee duas vaccas, unam equam, magnum cacabum meum,
minorem ollam meam et omnia vestimenta mea pertinencia
ad lectum meum, unum tripodem cum uno crattero. Item
Beatrici Bradebell duas vaccas et pueris suis duas vaccas
et i * * * et majorem ollam meam et minorem cacabum
meum et omnia vestimenta pertinencia ad corpus meum.
Et Margarete filie ejus unam patellam. Item Thome de
Karlo unam vaccam. Item Johi clerico de Bampton ij s.
Item in convocacione illorum qui laborant circa corpus
meum die sepulture mee xx s. et unum animal. Item Eve
sorori mee et Beatrici Bradebell et pueris suis omnia blada
mea et prata[1]. Item Eve sorori mee pelvim et lavatorium.
Item lego totum granum et farinam Eve sorori mee et
Beatrici Bradebell per equales porciones. Item residuum
bonorum meorum do Gilb° Dedying et Rog° de Borghdale
ad distribuendum pro anima mea, et dictos homines Rogerum et Gilbertum executores meos constituo. In cujus rei
testimonium sigillum meum apposui hiis testibus Tho. de
Cardill Rog. de Cundale Hen. Watson et aliis.

Proved at Rose, 10 *Sept.* 1362.

LXXXI. Testamentum Walti Maresshall de Karliolo.

Reg. vol. 2, folio 102. Trans. vol. 3, p. 151.

In dei nomine Amen. Ego Walterus Maresshall condo
testamentum in die Martis proximo post festum Assumpcionis Beate Marie anno Dni MCCCLXIJ[2]. In primis lego
animam meam deo et beate Marie et corpus meum ad
sepeliendum in cimiterio Sci Cuthberti Karl. cum meliori

---

[1] *Prata*, meadow grass: *blada et prata*, growing crops, as opposed to *granum et farina*.

[2] Tuesday after 15 August 1362.

averio meo in nomine mortuarii. Item do in cera ad comburendum circa corpus vi[s]. Item do et lego Marjorie uxori mee totum tenementum sicut jacet inter tenementum Ade de Blencowe ex parte una et tenementum Thome Malmayris ex parte altera et residuum omnium bonorum. Et ad istud testamentum meum fideliter faciendum et exequendum hanc facio executricem meam Margeriam uxorem meam. Testibus Will[o] fil. Ric. Bresewode Joh. de Dundragh et Gilb. de Taynturall.

Proved *Aug.* 30, 1362.

LXXXII. TESTAMENTUM NICH. DE MOTHERBY DE SOURBY.

Reg. vol. 2, folio 102. Trans. vol. 3, p. 152.

IN dei nomine Amen. Ego Nicholaus de Motherby in parochia de Sourby die Veneris proximo post festum Sci Mathei Apostoli anno domini MCCCLXIJ[1] condo testamentum meum in hunc modum. In primis do et lego animam meam deo et beate Marie et corpus meum ad sepeliendum in ecclesia Sci Kentigern de Sourby[2] cum meliori averio meo nomine mortuarii. Item summo altari ecclesie predicte pro decimis oblitis unum stott. Item in cera circa corpus meum ardendum die sepulture mee ij s. Item in oblacionibus xvi d. Item in distribucione pauperum die sepulture mee unum bovem et i eskepp farine avene. Item in convocacione vicinorum meorum die sepulture mee xx s. Item capellanis ad celebrandum pro anima mea viii lib. Item quatuor ordinibus fratrum xx s. Item ad fabricam pontis de Eden juxta Karl. et Warthewyk[3] xx s. Item lumini beate Marie in ecclesia de

---

[1] Friday next after Sept. 21, 1362.

[2] Sowerby, *hodie* Castle Sowerby in Cumberland, but Motherby is in the adjoining parish of Graystoke.

[3] Warwick bridge over the Eden, four miles from Carlisle.

Sourby unum bovem. Item cooperture ejusdem ecclesie ij s. Item Will⁰ Tomlynson unum bovem. Item domino Hugoni de Jarrow unum bovem. Item Thome de Richardby i stott. Item volo quod duo de bobus meis locentur alicui de anno in annum et quod pecunia inde perveniens distribuatur pro anima mea annuatim. Item lego Johi filio Alexandri de Motherby et sorori sue vi s. viii d. Item Ade filio Johis Dyxson v s. Item Alex⁰ filio Petri le Wryght de Penreth unum bovem. Item Will. de Stokdale iij s. Item Alicie filie Isabelle de Rowbankes unam juvencam. Item Nicholao de Brexeby xij d. Item ad le vaute beate Marie in Ecclesia de Sourby xii d. Item operi Sce Crucis in eadem ecclesia xij d. Item Emme uxori mee omnia utensilia domus mee porcionem meam concernencia plaustra et aratra cum toto attilio. Item Alex⁰ filio Petri le Wryght de Penreth illam terram que vocatur Michelfeld et terram que vocatur Dobfield. Item Johi de Aldeby illud pratum quod fuit Will' de Aldeby patris sui. Item Alex⁰ de Ricardby xx s. Et ad exequendam hanc ultimam voluntatem meam dominum Hugonem de Jarrow Presbiterum Will. Michelson et Emmam uxorem meam ordino et facio executores meos quibus do et lego residuum bonorum meorum onerans eos in periculo animarum suarum ut de residuo faciant et ordinent pro anima mea prout coram deo voluerint respondere.

Proved at Rose, 4 *Oct.* 1362.

LXXXIII. TESTAMENTUM UXORIS HUGONIS MARESCHALL.

Reg. vol. 2, folio 102. Trans. vol. 3, p. 153.

WILL not set out: administration granted to the husband.

11 *Sept.* 1362.

LXXXIV. Testamentum Uxoris Rob. Anotson de Dalston.

Reg. vol. 2, folio 102. Trans. vol. 3, p. 153.

WILL not set out: administration granted to John del Grene de Dalston.

Proved at Rose, 11 *Sept.* 1362.

LXXXV. Testamentum Elene filie Will. de Blenerhaysett.

Reg. vol. 2, folio 102. Trans. vol. 3, p. 153.

WILL not set out: administration granted to Thomas del Gill.

Proved 12 *Sept.* 1362.

LXXXVI. Testamentum Johis de Seburgham.

Reg. vol. 2, folio 102. Trans. vol. 3, p. 153.

WILL not set out: administration to John de Tympon and the widow.

LXXXVII. Testamentum Robi de Whyterigg Senioris.

Reg. vol. 2, folio 103. Trans. vol. 3, p. 155.

IN dei nomine Amen. Die veneris proximo post festum Sci Luce anno domini MCCCLXIJ[1]. Ego Robertus de Whyterigg senior compos mentis et sane memorie existens testamentum meum facio et ordino in hunc modum. In primis do et lego animam meam deo et beate Marie et corpus meum ad sepeliendum in choro ecclesie de Cald-

[1] Friday after Oct. 18, 1362.

beck[1] coram imagine beate Marie Magdalene et cum corpore meo mortuarium de jure et consuetudine debitum. Item in oblacionibus die sepulture mee faciendis vi s. viii d. Item pro luminibus circa corpus meum die sepulture mee vi libras cere. Item in convocacione vicinorum meorum die sepulture mee quadraginta solidos sterlingorum. Item in distribucione pauperum quadraginta solidos sterlingorum. Item presbyteris ad celebrandum pro anima mea viginti libras sterlingorum. Item quatuor ordinibus fratrum diocesis Karli xxvi s. octo denarios inter se equaliter dividendos. Item luminibus beate Marie in ecclesia de Caldebek i marcam argenti. Item Johi fratri meo c marcas argenti. Item matri mee viginti marcas argenti. Item Nicholao filio meo x marcas argenti. Item domine Margarete de Malton unum cyphum de mazero. Item Alicie uxori Johis de Bampton unum cyphum. Item prefatis dominis Margarete et Alicie omnes furruras meas. Item Domine Elene de Whyterigg unam clocam furratam. Item volo quod eligantur et extrahantur de bobus meis sexaginta boves de melioribus de quibus do et lego Dnis Hen. de Malton et Thome de Whyterigg militibus xl boves inter se equaliter dividendos. Item volo quod rationabiles expense per executores meos occasione execucionis ultime voluntatis mee faciende eisdem executoribus allocentur. Residuum vero bonorum meorum superius non legatorum do et lego predictis dominis Henr. de Malton et Thom. de Whyterigg Et ad hanc ultimam voluntatem meam fideliter exequendam Robm de Bampton Nicholaum Saunderson et Johem de Whyterigg ordino et facio executores meos onerans eos ut in bonis meis juxta consilium Dominorum Hen. de Malton et Thome de Whyterigg administrent. In cujus rei testimonium sigillum meum presentibus apposui. Dat. apud Caldebek die et anno dni supradictis.

    Proved at Rose, 26 *Oct.* 1362.

[1] A large parish in the centre of Cumberland, whose church is dedicated to St Kentigern.

LXXXVIII. Testamentum Magi W. de Routhbury
Archidiaconi de Karl.

Reg. vol. 2, folio 142. Trans. vol. 3, p. 187.

In dei nomine. Ego Wills de Routhbury Archidiaconus Karl. die Veneris proximo ante festum Pentecostes anno domini MCCCLXIIIJ[1] condo testamentum meum in hunc modum. In primis do et lego animam meam deo et beate Marie et omnibus sanctis et corpus meum ad sepeliendum in cimiterio ecclesie de Salkeld[2]. Item volo quod expense funerales die sepulture mee ordinentur et faciantur juxta discretionem executorum meorum. Item lego ad ardendum circa corpus meum a tempore mortis mee quousque fuero sepultus xvi libras cere. Item in distribucione pauperum die sepulture mee viz. cuilibet denarium. Item lego ad cooperturam cancelli de Salkeld et reparationem fenestrarum ejusdem xl s. Item quod successor meus in Archidiaconatu se reputet contentum de predicta summa xl s. pro reparacione ut prefertur sin autem volo quod nichil fiat de legacione ad dictam reparacionem faciendam[3]. Item lego fratribus Augustinensibus de Penreth pro anima mea lxviij s. viij d. Item tribus aliis ordinibus Fratrum mendicancium lx s. per equales porciones. Item lego duobus honestis presbiteris pro anima mea per unum annum celebrantibus viii libras. Et si ita fieri non potuerit volo quod predicte viij libre distribuantur inter pauperes usbandos ubi executores mei anime mee viderint expedire. Item lego ad distribuendum inter pauperes husbandos parochie mee de Salkeld prout continetur in cedula presentibus annexa iiij libras. Item lego ad distribuendum inter pauperes de patria[4] magis indigentibus (*sic*) secundum discretionem

[1] Friday before Whit Sunday, 1364.
[2] The rectory of Great Salkeld in Cumberland was attached to the Archdeaconry of Carlisle at a very early date, and remained so until 1855.
[3] This settled the testator's dilapidations.
[4] Query *parochia mea*.

executorum meorum vj li. xiij s. iiij d. Item Hugoni de Salkeld filio Ranulph Forestar lxvi s. viii d. in pecunia numerata vel de bonis de camera mea ad valenciam dicte summe secundum electionem dicti Hugonis. Item lego dicto Hugoni unam magnam ollam eneam et unam magnam aliam et i postenet de eadem i cacabum ferro ligatum unum Bakeutch i urceolum i chausour, i tripodem longum i craticulam et melius plaustrum[1] necnon minuta utensilia ad husbandriam pertinencia et omnia vasa lignea mea preter ea que consuetudine debent in loco dimitti. Item lego Hugoni Lowe xx libras argenti. Item lego Johi de Ormesby in pecunia vel in aliis bonis c s. Item lego Willo Bloxham xxvi s. viij d. Item Willo Bowman xx s. Item Alicie Blaket xiij s. iiij d. Item Johi Bloxham xx s. Item Johi filio Alicie Blaket vi s. viii d. Item Johi de Scales iij s. iiii d. Item Johi de Alenburgh v s. Item domino Roberto Rectori ecclesie de Newbigging c s. Item Xtiane uxori Steph. Smerles xx s. Item Idonee de Sandhowe v s. Item Will. de Stapleton xvij cochlearia i pecem argenti. Item domino Petro de Morland vicario de Kirkeby Stephan meliorem lectum meum cum apparatu et meliorem aulam[2], viz. Docers Bankers cum pertinenciis. Item eidem domino Petro unum clokettum supertunicam unum capucium furratum cum peloura ad electionem suam. Item Domino Petro de Morland x li. ad faciendum pro anima mea sicut ipsum oneravi. Item lego si bona mea sufficere possint ecclesie de Salkeld unum vestimentum principale unum portiforium parvum et i journel parvum. Item do Thome de Wederhale servienti H. de Salkeld vi s. viij d. Residuum vero omnium bonorum meorum do et lego executoribus meis infrascriptis ad faciendum pro anima mea in piis

---

[1] I leave to the said Hugh one big brass pan and a second pan and a little pan of the same, a caldron hooped with iron, an oven, a pitcher, a wine cooler (*chausour*, see Wright's Vocabularies, p. 257), a long brandreth, a gridiron, and my best waggon.

[2] *aula* is used for *aulaeum*, tapestry.

operibus sicut coram deo in die judicii voluerint respondere. Et ad istud testamentum meum fideliter implendum et exequendum meos veros et legitimos executores dominum P. de Morland Willm de Stapilton H. Lowe et H. de Salkeld facio et constituo. In cujus rei testimonium sigillum officiale Archidiaconatus presentibus apposui. Dat. apud Salkeld die et anno supradictis. Tenor vero predicte cedule est Rico Batyson ij marcas Johi Batyson xiij s. iiij d. Elene del Bale vi s. viii d. Enote Milner et Dionisie per equales porciones x s. Item Ade Lamb iij s. iiij d. Mariote Farle iii s. iiij d. Item Beatrici Baty doghtre iij s. iiij d. Item Hilde iij s. iiij d. Item Emme de Irland iij s. iiij d. Item Idonee de Sandhowse iij s. iiij d. Item Enote Hall xx d. Item Alexandre Blaket xx d.

Rose, 18 *May*, 1364.

LXXXIX. Testamentum Tho. Trewlove de
Graystok.

Reg. vol. 2, folio 145. Trans. vol. 3, p. 193.

Will not given : administration to John Trewlove son, and John del Howe.

XC. Testamentum Rectoris de Beaumont.

Reg. vol. 2, folio 145. Trans. vol. 3, p. 193.

In dei nomine Amen. Ego Thomas de Sourby Rector ecclesie de Beaumont[1] die Lune in Concepcione beate Marie anno domini MCCCLXV[2] condo testamentum meum in hunc modum. In primis lego animam meam deo et beate Marie et omnibus sanctis et corpus meum ad sepeliendum ubi deus disposuerit. Item lego Will⁰ de Bolton patri meo x marcas. Item lego Will⁰ consanguineo meo clerico x marcas

---

[1] A parish in Cumberland on the Roman wall, near Carlisle.
[2] Monday, Dec. 8, 1365.

cum omnibus libris meis. Item lego Alicie sorori dicti Willi x marcas. Item lego tribus capellanis ad celebrandum pro anima mea per unum annum xxi marcas. Item lego lumini beate Marie de Beaumont xx s. Item lego cuilibet executori meo xx s. Item fratribus predicatoribus Karl. vi s. viij d. Item fratribus minoribus iij s. iiij d. Item lego Xtiane Morlay ii vaccas et ij eskeppas ordei. Item lego Will⁰ Sprote xx s. Item do et lego residuum omnium bonorum meorum viz. unam medietatem ad distribuendum pro anima mea et alteram medietatem Will⁰ et Alicie consanguineis meis. Et ad istud quidem testamentum meum fideliter exequendum et implendum dominum Willm Rectorem de Bownes et Robertum de Kirkby rectorem medietatis ecclesie de Aykton et dominum Johem de Midleton capellanum facio et constituo executores meos. In cujus rei testimonium sigillum officii mei propriis manibus apposui coram testibus.

Proved 24 *Dec.* 1365.

XCI. Testamentum Rectoris Ecclesie de Graystok Nuncupative Factum.

Reg. vol. 2, folio 145. Trans. vol. 3, p. 194.

In dei nomine Amen. Probatum etc. xxii die Januarii testamentum Rici de Hoton[1] nuncupative factum in hec verba.

In primis legavit animam suam deo et beate Marie et omnibus sanctis et corpus ad sepeliendum in cimiterio de Graystok ex boriali parte ecclesie cum meliori averio suo nomine mortuarii. Item ordinavit quod corpus suum honorabiliter * * * cum bonis suis ecclesiastice sepulture.

[1] Richard de Hoton was instituted 30 Oct. 1357 to Graystock, on the resignation of Ralph de Ergham, and on the presentation of Sir W. de Graystock: he found the chancel and rectory house in a very dilapidated state, the late rector having been an absentee, and the bishop directed proceedings to be taken against him.

Item legavit choro ecclesie de Graystok unum superlectile cum tapeto et unum Docere de panno lineo sub hac condicione quod successor suus teneat se contentum de predictis pannis pro emendacione chori et domorum dicte Rectorie et pro omnibus calumpniis aliis pro reparacione domorum quas dictus successor contra ipsum vel executores suos in hac * * * habere Et si dictus successor de predictis pannis pro omnibus calumpniis chori et domorum non teneat se contentum dedit et legavit predictos pannos Margarete et Isabelle filiabus suis[1]. Item legavit omnia bona cameris pertinencia suis dictis Margarete et Isabelle. Item legavit Johi filio suo partem (*sic*) omnium animalium suorum sub condicione quod idem Joh. domos suas apud Hotonroof construeret et repararet ac Ricardum fratrem suum una cum dictis Margareta et Isabella de bonis suis secum ibidem sustentaret. Et si hoc modo erga dictos fratrem et sorores suos noluerit se habere nec sic agere tunc legavit omnia animalia dictis Ricardo Margarete et Isabelle. Quibus Rico Margarete et Isabelle legavit totum residuum bonorum suorum post debita sua * * * persoluta. Et ad istud testamentum fideliter exequendum Edmundum de Hoton Joh[m] de Bencombe et Dm Gilbertum Bowett capellanum executores suos fecit et constituit.

Proved 22 *Jan.* 1365/6 at Rose.

XCII. Testamentum Willi Brampton Rectoris de Dufton.

Reg. vol. 2, folio 149.   Trans. vol. 3, p. 198.

In dei nomine Amen. Ego Will. de Brampton Rector ecclesie de Dufton[2] decimo die Marcii Anno domini MCCCLXV[3] condo testamentum meum in hunc modum. In primis lego deo et beate Marie et omnibus sanctis animam meam et corpus meum ad sepeliendum in ecclesia beati

---

[1] This is another settlement of dilapidations, *ante*, p. 74 n.
[2] A parish in Westmorland.   [3] Tenth of March, 1365/6.

Cuthberti de Dufton. Item lego in cera pro cereis faciendis ponendis circa corpus meum die sepulture mee v libras. Item lego pro oblacione danda eodem die v s. Item lego distribuendum pauperibus eodem die xx s. Item do et lego Waltero de Musgrave i jumentum grysell in Birthwayt et xx multones. Item lego Alicie uxori ejusdem Walteri cameram meam. Item lego Willmo filio ejusdem unam vaccam cum vitulo. Item lego Robto de Wolselay i jumentum de jumento (*sic*) in Birthethwayt. Item Roberto rectori de Newbiggen i jumentum ibidem. Item do et lego cuilibet filiolo meo xii d. Item do et lego cuilibet nunc servienti meo ultra salaria sua ij s. Item do et lego Mariote Crokebane unam vaccam cum vitulo et Matill. filie ejusdem i vaccam cum vitulo et Thome Diker i juvencam habentem vitulum. Item do et lego Andree fratri Ade de Dufton iiij s. Item do et lego fratribus de Appelby vi s. viij d. et reparacioni pontis Sci Laurentii de Appelby iii s. iiij d. Item do et lego summo altari ecclesie de Merton i averium etatis duorum annorum. Item do et lego ad lumen beate Marie ecclesie de Dufton vi s. viij d. Et ad lumen beati Cuthberti ejusdem ecclesie vi s. viij d. et ad opera beate Marie Karli iij s. iiij d. Item ad distribuendum parochianis meis indigentibus xx s. Item do et lego Willmo Dobson i averium etatis duorum annorum. Item do et lego Johi Dobson i averium ejusdem etatis. Item Johi filio Thome de Stegill unum jumentum etatis trium annorum et Willmo filio ejusdem Thome i jumentum ejusdem etatis. Totum residuum bonorum meorum non legatorum volo quod executores mei disponant secundum dispositiones suas sacerdotibus divina celebrantibus pro salute anime mee. Executores meos ordino facio et constituo Robt^m de Wolseley Rectorem ecclesie de Merton Robtum rectorem ecclesie de Newbiggen et Thomam de Stegill. In cujus rei testimonium huic testamento meo sigillum meum apposui.

Proved at Rose, 6 *Nov.* 1366.

XCIII. TESTAMENTUM ROBERTI HISSHER.

Reg. vol. 2, folio 143. Trans. vol. 3. p. 204.

In dei nomine Amen. Ego Robertus Hissher compos mentis et sane memorie die Jovis proximo post festum Sci Laurencii Anno Domini MCCCLXVJ[1] condo testamentum meum in hunc modum. In primis lego animam meam deo et beate Marie et omnibus sanctis et corpus meum ad sepeliendum in cimiterio ecclesie beate Marie Karli cum meliori averio meo nomine mortuarii. Item in cera ad comburendum circa corpus meum die sepulture mee iij s. Item in pane pauperibus distribuendo die sepulture mee xl s. Item presbyteris cantantibus *Placebo* et *Dirige*[2] pro anima mea cuilibet cantanti xii d. Item presbytero parochiali iij s. iiij d. Item clerico parochiali vi d. Item lego presbyteris celebrantibus et orantibus pro anima mea et animabus omnium parentum et progenitorum meorum xx marcas. Item domino Johi de Neoto[3] Suppriori quondam Karli xiij s. iiij d. Item pytancie Prioris et conuentui ejusdem loci x s. Item lego Margarete uxori mee et duobus filiis meis omnia domos et tenementa mea in civitate Karl. ac eciam unum annuum redditum exeuntem de domibus quas Xpiana uxor Johannis de Esshlyngton[4] tenet in vico Bochardi infra portam[5] que quidem tenementum et annuus redditus predictus dictis uxori mee et duobus filiis meis et liberis suis integre revertantur equali porcione viz. tantum juniori quantum seniori. Et si ipsi deficiant sive decedant sine liberis lego predicta tenementa et redditus Priori et Conventui Beate Marie Karl.

---

[1] Thursday next after the festival of St Lawrence [Aug. 10] 1366.

[2] *Placebo* designates the old English vespers for the dead, in which the antiphon commenced with *placebo*. *Dirige*, the first Latin word of a verse in the funeral psalms, [Psalm v. 8] commencing "Direct my steps:" hence Dirge.

[3] St Neots?

[4] Query Islington?

[5] The present English Street.

ad orandum et celebrandum pro anima mea et animabus omnium parentum et progenitorum meorum et omnium fidelium defunctorum. Item do et lego fabrice ecclesie Beate Marie Karl. xx s. Item do et lego Will⁰ de Corbrig clerico scribenti testamentum vi s. viij d. Residuum vero omnium bonorum meorum do et lego Margarete uxori mee et liberis meis ad distribuendum pro anima mea ubicunque eis melius videbitur expedire. Et ad istud testamentum meum fideliter exequendum dominum Joh. de Malton capellanum et Margaretam uxorem meam executores meos facio et constituo. Hiis testibus Tho. de Strikland et Will. de Corbrig.

Proved at Rose, 4 *Dec.* 1366.

XCIV. TESTAMENTUM XTIANE UXORIS WILL. BRISWOD DE DALSTON NUNCUPATIVE FACTUM.

Reg. vol. 2, folio 155. Trans. vol. 3, p. 206.

IN dei nomine Amen. Probatum etc. xxi die Januarii MCCCLXVJ[1] testamentum Xtiane uxoris Willi filii Gilberti de Briswode de parochia de Dalston nuncupative factum in hec verba. In primis legavit animam suam deo beate Marie et omnibus sanctis et corpus suum ad sepeliendum in cimiterio ecclesie parochialis de Dalston cum meliori averio suo nomine mortuarii. Item legavit vicario ejusdem ecclesie vi d. Item legavit Agnete sorori sue unam vaccam dimidiam eskeppam brasei et dimidiam eskeppam farine. Item legavit Alicie sorori sue unum collobium. Residuum vero bonorum suorum dedit dicto Willmo marito suo cujus disposicione ordinaretur (?) de dictis bonis fieri pro anima sua ac dictum maritum suum constituit executorem suum.

Proved 21 *Jan.* 1366/7.

[1] 136⅞.

XCV. Testamentum Johis Pynknegh de Dalston.

Reg. vol. 2, folio 156. Trans. vol. 3, p. 208.

WILL not given: administration granted to Johanna, wife of the testator, and the executrix named in the will, and to Tho. fil. Tho. Hirde de Cardonock.

Proved 8 *Feb.* 136⁹⁄₇.

XCVI. Testamentum Roberti Tilliol[1].

Reg. vol. 2, folio 157. Trans. vol. 4, p. 210.

IN dei nomine Amen. Ego Robertus Tilliol compos mentis et bone memorie die lune quinto Aprilis anno domini MCCCLXVIJ condo testamentum meum in hunc modum. In primis do et lego animam meam deo et beate Marie et omnibus sanctis et corpus meum ad sepeliendum in ecclesia fratrum predicatorum Karli. Item volo quod omnia debita mea plenariter ac * * * solvantur et exequie mee fiant honorifice ut decet pro statu meo et prout ordinavi. Et omne residuum bonorum meorum do et lego Felicie uxori mee et liberis meis. Et ad istud testamentum meum fideliter exequendum et perficiendum hos constituo et ordino executores meos viz. Feliciam uxorem meam et dominum Willielmum vicarium ecclesie de Artureth coram testibus Willielmo de Artureth et Johe de Brelyngton. In cujus rei testimonio huic testamento meo sigillum meum apposui. Dat. apud Ireby die mense et anno supradictis.

Proved 16 *April,* 1367.

---

[1] Sir Robert de Tilliol, son of Sir Peter or Piers de Tilliol and Isabella his wife, was Sheriff of Cumberland 1, 2 and 3 Edw. III.

XCVII. Testamentum Will. de Threlkeld.

Reg. vol. 2, folio 158. Trans. vol. 4, p. 211.

IN dei nomine Amen. Quarto decimo die mensis Maii anno domini MCCCLXVIJ. Ego Willmus de Threlkeld vicarius ecclesie de Leysingby[1] compos mentis et bone memorie condo testamentum meum in hunc modum. In primis lego animam meam deo et beate Marie et omnibus sanctis et corpus meum ad sepeliendum in cimiterio ecclesie predicte. Item lego ad comburendum circa corpus meum vi libras cere. Item lego summo altari de Leysingby pro ornamentis emendis x s. Item ad porcium ad hostium ecclesie ij s.[2] Item in distribucione pauperum vi estrick farine avene et i boviculum. Item lego Johi de Threlkeld filio Johis de Threlkeld iiij boves de quibus sunt duo in manu sua propria. Item domino Johi Randolp unum equum bissum. Item lego Johi filio Johis del Vikers ij vaccas. Item Johe filie Johis Car[3] * * iij vaccas. Item Tho. fil. ejusdem ij vaccas. Item presbyteris pro celebracione divinorum pro anima mea et pro animabus pro quibus * * xxiiij oves. Item lego dimidiam residui omnium bonorum meorum Johi filio meo et alteram dimidiam Crestiane filie sororis mee et Johanne matri sue. Et ad istud testamentum fideliter persequendum Henr. de Threlkeld juniorem et Johem filium Johis de Threlkeld et Johem Harpine meos constituo executores.

Proved 14 *June*, 1367.

XCVIII. Testamentum Roberti de Leversdale.

Reg. vol. 2, folio 167. Trans. vol. 4, p. 223.

IN dei nomine Amen. Ego Robertus de Leversdale compos mentis et sane memorie die veneris viz. xij die

[1] Lazonby in Cumberland.
[2] For a porch at the door of the Church 2s.
[3] This will is much rubbed and obliterated in parts.

mensis Julii anno domini MCCCLXVIJ condo testamentum meum in hunc modum. In primis do et lego animam meam deo et beate Marie et omnibus sanctis et corpus meum ad sepeliendum in cimiterio ecclesie beate Marie Karli cum meliori averio meo nomine mortuarii. Item do et lego Elizabethe sorori mee burgagium meum in vico Castri. Item eidem viginti libras sterlingorum. Item pueris meis xx libras. Item Priori et conventui ecclesie beate Marie Karli viginti libras. Item Hugoni servienti meo decem libras. Item Rowlando Carrick servienti meo xl s. Item Johe Cove xx s. Item uxori Johis Tinkler de Penreth xx s. Item Margarete Walker xx s. Item fratribus predicatoribus Karli xl s. Item fratribus minoribus ejusdem xx s. Item fratribus de Penreth xx s. Item fratribus de Appilby xx s. Item fratribus minoribus de Ebor. xx s. Item Johi de Camera xx s. Item ecclesie beate Marie Karl. parochiali pro decimis oblitis vi s. viij d. Item vicario de Penreth pro decimis oblitis vi s. viij d. Item ecclesie Sci Petri parvi in Ebor. pro decimis oblitis vi s. viij d. Item duobus filiis Willi del Dikes per equales porciones xl s. Item Thome de Raughton xx s. Item Agnete de Aikton xx s. Item presbytero parochiali ecclesie beate Marie Karli vi s. viij d. Item Will. de Aikton vi s. viij d. Item Robto de Aikton vi s. viij d. Residuum vero omnium bonorum meorum do et lego dno T. de W. Canonico dno Willmo dell Hall rectori de Bownes Rico de Redenes et Joh. Barbour ita quod dictum residuum omnium bonorum meorum disponatur secundum consilium et directionem dni Th. de W. predicti in omnibus sicut sibi melius videbitur expedire quos quidem dnm Will. Ricum et Johem ad istud testamentum meum fideliter exequendum constituo executores meos. Hiis testibus dno Thom. de Kykanders capellano Johe de Myddleton et aliis.

No proof stated.

XCIX. TESTAMENTUM DNI JOH. LOVELL CAPELLANI.

Reg. vol. 2, folio 168. Trans. vol. 4, p. 223.

EGO Joh. Lovell metuens michi mortis periculum appropinquare condo testamentum meum in hunc modum. In primis do et lego animam meam deo et beate Marie et omnibus sanctis et corpus meum apud ecclesiam beate Marie Karli sepeliendum. Item lego j petram cere ad comburendum circa corpus meum die sepulture mee. Item lego in distribucione pauperum eodem die facienda xiij s. iiij d. Item lego cuilibet presbytero seculari venienti exequiis et misse pro me celebrande et faciende (*sic*) vi s. Item lego priori et conventui ecclesie beate Marie Karli ad pietanciam x s. Item ad lumen beate Marie in choro x s. Item fratribus predicatoribus et minoribus Karli vi s. viij d. Item lego pontibus de Edene et Caldew vi s. viij d. Item lego pro anima mea ad celebrandum c s. Item lego Steph⁰ de Karl. xiij s. iiij d. et unam cistam. Item Ade Taillour unam cistam cum j parva cistula in eadem cista. Item Rob⁰ servienti Magistro Rob⁰ de Caldbeck i robam secundam et j cistam. Item consanguinee mee manenti in Baronia de Dalston unam ollam eneam et i patellam et marito suo unum collobium mixtum. Item lego domino Johi de Myddleton i lavacrum cum i pelve. Item lego residuum omnium bonorum meorum magistro Ade de Caldbek et aliis executoribus infra scriptis predictum Magistrum Adam dnm Johem de Myddleton ad faciendum pro anima mea de bonis predictis prout coram deo voluerint respondere. Ad istud testamentum fideliter exequendum dictum Magistrum Adam dominum Johem de Myddleton capellanum Adam Taillour et Stephm de Karlo ordino facio et constituo executores meos. In cujus rei testimonium presentibus sigillum meum apposui.

No note of the proof.

C. Testamentum Rectoris Ecclesie de Merton ut patet.

Reg. vol. 2, folio 168. Trans. vol. 4, p. 224.

In dei nomine Amen. Die lune in crastino Sci Petri ad vincula anno domini MCCCLXVIJ[1] ego Rob. de Wolseley condo testamentum meum in hunc modum. In primis lego animam meam deo et beate Marie et omnibus sanctis et corpus meum sepeliendum in ecclesia de Merton[2]. Item lego ad ornamenta summi altaris ejusdem ecclesie xiij s. iiij d. Item ad comburendum circa corpus meum die sepulture mee v libras cere et in oblacionibus eodem die ij s. Item ad distribuendum pauperibus pro anima mea xx s. Item in expensis funeralibus die sepulture mee predicte xl s. Item do et lego Johanne de Wolseley sorori mee x libras argenti. Item Alicie ancille mee lxvi s. viij d. i vaccam et i lectum. Item Thome del Whall garcioni meo lxvi s. viij d. Item Margarete uxori Johis del Wall xl s. Item Rico del Wall filio predictorum Johis et Margarete xx s. Item Johi Sowrby capellano xiii s. iiij d. et i robam. Item Ade famulo meo i bovellum. Item Henrico de Mallerstang optimum plaustrum meum et Margarete (uxori *omitted*) ejusdem Henrici meliorem zonam meam melius collobium meum et meliorem gounam meam. Item lego Rectori ecclesie de Clifton pro anima patris mei i bovem. Et totum residuum lego viz. medietatem predicte Johanne sorori mee et aliam medietatem ad distribuendum pauperibus et ad capellanum celebrandum pro anima mea. Et ad istud testamentum meum fideliter exequendum et perimplendum constituo predictos Johem Sowreby capellanum et Henricum de Mallerstang executores meos. Item lego ad emendum

---

[1] Aug. 2, 1367.
[2] Merton or Marton parva, Longmarton in Westmorland; see *ante* p. 17 for the will of Sir John de Morland.

unum librum portatorum (*sic*) ad jacendum in ecclesia Sci Wilfridi de Burgham xxvi s. viij d.

No note of proof.

CI. TESTAMENTUM ROGERI BEAUCHAMPP.

Reg. vol. 2, folio 171. Trans. vol. 4, p. 226.

IN dei nomine Amen. Ego Rogerus Beuchampp condo testamentum meum in hunc modum. In primis do et lego animam meam deo et beate Marie et omnibus sanctis et corpus meum ad sepeliendum in cimiterio ecclesie Sci Nicholai de Leysingby[1] cum meliori averio meo nomine mortuarii. Item lego xl s. ad distribuendum pauperibus die sepulture mee. Item lego in lumine circa corpus meum v torches eadem die. Item lego Rob^{to} del Garth j vaccam cum vitulo. Item Johi del Garth j vaccam cum vitulo. Item lego Jacobo servienti meo j vaccam cum vitulo. Item lego Willmo Coke j vaccam cum vitulo. Item lego Ade Colier j vaccam cum vitulo. Item lego Johi Whyteheved j juvencam. Item lego omnia utensilia mea cum blado meo Katerine uxori mee. Item lego fabrice ecclesie Beate Marie Karli xl s. Item lego fratribus predicatoribus Karli vi s. viij d. Item fratribus minoribus Karli vi s. viij d. Item fratribus Augustinis de Penreth xx s. Item fratribus Carmelis de Appelby iij s. iiij d. Item Rogero filio Ade del Garth j vaccam. Item ...... quos habeo in villa de Birketrogeline lego Dno Willo fratri meo. Item lego Johi Manchet medietatem maritagii sui[2]. Item lego loricam meam Dno de Dacre. Item lego ij paltokes dicto Dn^o Will^o fratri meo cum capite et cirotecis ferreis et zonam meam argenteam. Item lego Thome fratri meo accon patris sui. Item Johi de Leysingby

[1] Lazonby in Cumberland.
[2] John Manchet must have been ward to the testator, who remits to him half of the fee he would be entitled to on his marriage.

meliorem equuum meum propter mortuarium. Item lego viginti libras capellanis ad celebrandum pro anima mea et pro anima patris mei in ecclesia Sci Nicholai de Leysingby dum perseverare possit. Item lego residuum bonorum meorum executoribus meis ad distribuendum pauperibus indigentibus secundum disposicionem eorumdem. Item constituo dictum dominum Willm fratrem meum et Katerinam uxorem meam executores meos simul cum Johe Harpyne in presencia Johis de Leysingby et Thome del Garth. In cujus rei testimonium presenti testamento meo sigillum meum apposui. Factum in camera mea apud Leysingby die Lune in vigilia Sci Thome Apostoli anno domini MCCCLXVIJ[1].

Proved 5 *April*, 1368.

CII. TESTAMENTUM HENRICI DE THRELKELD.

Reg. vol. 2, folio 171. Trans. vol. 4, p. 227.

IN nomine patris et filii et spiritus sancti Amen. Ego Henricus de Threlkeld condo testamentum meum in hunc modum. In primis lego animam meam deo et beate Marie et corpus meum ad sepeliendum ubicunque Deo placuerit. Item pauperibus xx marcas de Helton et Yanewith et facio executores meos Willm de Threlkeld militem Idoneam uxorem meam Henricum de Threlkeld et Johm de Dent. In cujus rei testimonium sigillum meum apposui.

Proved before the Official of London xiij Kal. *Junii* (20 *May*), 1368. Approved Rose 23 *June*, 1368.

[1] Monday on the eve of St Thomas the Apostle (Dec. 21) 1367.

CIII. TESTAMENTUM WILLI DE ARTHURETH MAIORIS CIVITATIS KARL.[1]

Reg. vol. 2, folio 173. Trans. vol. 4, p. 232.

IN dei nomine Amen. Ego Will. de Arthureth die dominico proximo post festum assumpcionis Beate Marie anno domini MCCCLXIX[2] sanus in corpore et bone memorie condo testamentum meum in hunc modum. In primis lego animam meam deo beate Marie et omnibus sanctis et corpus meum Christiane sepulture cum meliori averio et panno nomine mortuarii. Item lego in cera ad comburendum circa corpus meum die sepulture mee quinque libras candelarum viz. tapers. Item lego in distribucione pauperum eodem die xlvi s. viij d. Item clericis et viduis vigilantibus circa corpus meum x s. Item domino Johi de Middleton vi s. viij d. Item clerico parochiali ij s. Item lego cuilibet capellano parochiali commoranti et celebranti in Karlo tempore sepulture mee ij s. Item fabrice ecclesie beate Marie Karli xl s. Item duobus capellanis ad celebrandum pro anima mea viz. per duos annos x li. Item lego priori et conventui Beate Marie Karl. c s. Item ponti de Eden xx s. Item ponti de Caldew xx s. Item fratribus minoribus xx s. Item Rico (*gap*) sororis mee xl s. et unum equum et unum batinettum armatum cum uno pa[3] (*gap*). Item lego Johi filio Thom. de Arthuret unum lectum integrum cum lenthiaminis (*gap*) unum lavacrum unum pelvem et decem libras auri vel argenti (*gap*). Residuum vero omnium bonorum meorum do et lego Mariote uxori (*gap*). Et constituo (*gap*) Mariotam uxorem meam Alanum de Blenerhayset et Dm Willm vicarium de Arthureth. In cujus rei testimonium sigillum meum presentibus apposui.

---

[1] The leaf on which this will is written is partly destroyed.
[2] Sunday next after Aug. 15, 1369.
[3] Probably a paltock or doublet.

Hiis testibus dominis J. de Middleton et Gilberto Groute capellanis.

Proved 28 *August*, 1369.

CIV. TESTAMENTUM WILLI DE LATON.

Reg. vol. 2, folio 175. Trans. vol. 4, p. 233.

IN dei nomine Amen. Ego Will. de Laton de Newbiggyng condo testamentum meum in hunc modum ultimo die mensis Augusti A. D. MCCCLXIX. In primis lego animam meam deo et corpus meum ad sepeliendum in ecclesia Fratrum ordinis Sci Augustini de Penreth. Item lego j bovem principalem pro anima mea nomine mortuarii ecclesie de Dacre. Item lego j bovem summo altari pro decimis oblitis. Item lego fabrice beate Marie Karli vi s. viij d. Item lego Johi filio Thom. Johi Lynbek Matheo Wells Joh. de Lekyl cuilibet eorum j vaccam. Item do et lego Margarete uxori mee et pueris meis non maritatis omnia alia animalia de genere vaccarum et omnia genera bladorum meorum hoc anno crescencium simul cum omnibus aliis utensilibus infra domus et extra. Item lego dno Thome capellano de Dacre xx s. Item in lumine circa corpus meum iij petras cere die sepulture mee in ecclesia fratrum de Penreth. Item in oblacionibus die sepulture mee iij s. iiij d. Item in convocacione amicorum die sepulture mee c s. Item in distributione pauperum eodem die xx s. Item lego omnia jumenta mea Margarete uxori mee. Item volo quod omnes agnelli mei in custodia Joh. filii Will. de Penrith existentes custodiantur usque ad tempus anni quo melius vendi possint et tunc cum omni proficuo eorum percepto preter terciam partem exitus lane illorum detur Thome Arnaldson pro custodia. Item volo quod novem equi mei in Graystokpark pascentes vendantur ad proximas nundinas de Burgo[1] et cum pretio

---

[1] Burgh on Stainmore, where is held a famous cattle fair.

eorundem conducatur capellanus ad celebrandum specialiter pro anima Johis de Laton fratris mei et omnium fidelium defunctorum. Item residuum omnium bonorum meorum non legatorum do et lego executoribus meis ad debita mea persolvenda et pro anima mea et omnium fidelium defunctorum in piis usibus expendendum et distribuendum. Hujus antedicti testamenti mei tales ordino executores meos viz. Ric. filium Elet Tho. de Laton Rob^m Abot Joh^m Dewy et Adam Clerk de Ireby. Hiis testibus Joh. de Chambre et Joh. filio Thome. Item super ista omnia ordino et constituo Andream de Laton meum (*sic*) coadjutorem.

Proved 22 *Sept.* 1369.

CV. TESTAMENTUM CLEMENTIS DE CROFTON[1].

Reg. vol. 2, folio 175. Trans. vol. 4, p. 234.

IN dei nomine Amen. Ego Clemens de Crofton sane memorie compos mentis condo testamentum meum in hunc modum. In primis do et lego animam meam deo et beate Marie Virgini gloriose et omnibus sanctis et corpus meum ad sepeliendum in cimiterio de Sci Andree de Thoresby cum meliori equo meo nomine mortuarii. Item lego pro lumine circa corpus meum die sepulture mee x libras cere faciendas in v cereis. Item ad distribuendum pauperibus eodem die xiij s. iiij d. Item in convocacione amicorum et vicinorum eodem die v marcas. Item in oblacionibus eodem die vi s. viij d. Item quatuor ordinibus fratrum xiij s. iiij d. per equales porciones. Item magistro fabrice beate Marie Karl. vi s. viij d. Item fabrice beate Marie de Holm Cultron xx s. Item lumini beate Marie in ecclesia de Thoresby iii s. iiij d. Item rectori ejusdem ecclesie ut specialiter oret pro anima mea iij s. iiij d. Item

---

[1] Crofton Hall, at which this will is dated, is now the seat of the Briscos, and is in the parish of Thursby (Thoresby) near Carlisle.

duobus capellanis ibidem celebrantibus eadem de causa equis porcionibus ij s. Item lego Dno Abbati de Holm Cultrom loricam meam qui in inventario meo appreciatur ad lx s. Item Johi fratri meo unum par de paunce et de braces et j jac[1]. Item Clementi de Skelton juniori unum meum bacynet cum uno drew aventayle. Item domino meo (*gap*) alium aventayl melius et grossier. Item volo quod Johanna uxor mea consuetudine sancte ecclesie et consuetudine patrie habeat medietatem omnium bonorum (*destroyed*) michi debitorum quam aliorum quorumcunque post debita mea persoluta remanencium (*gap*) totum residuum bonorum meorum deductis legatis predictis. Et ad istud testamentum (*gap*) et in omnibus perimplendum Dom. Rob. de Byx et predictam Johannam uxorem meam (*gap*) executores. Dat. apud Crofton in aula mea ibidem (*gap*) et Johis de Crofton fratris mei Clementis de Skelton (*gap*) Walt. Marshall Clerici qui testamentum istud manu sua scripsit die Jovis xi die mensis Octobris Anno Dni MCCCLXIX.

Proved 19 *October*, 1369.

CVI. TESTAMENTUM DNI WILL. LENGLEYS MILITIS[2].

Reg. vol. 2, folio 176. Trans. vol. 4, p. 235.

IN dei nomine Amen. Ego Will. Lengleys chevalier condo testamentum meum in hunc modum. In primis lego

---

[1] *Paunce*, armour for the body, from *panzar* a cuirass, see Dillon's *Fairholt*. *Unum par de paunce et de braces* probably means a back and a breast and their shoulder straps: a *jac* may here mean a quilted or leather coat to be worn under the *par de paunce*.

[2] A family of the name of English appears to have been settled at Asby near Appleby early in the 13th century, and in the beginning of the 14th. The testator appears to have belonged to this family and may have been the William English, who in 1328 had license to empark lands in Cumberland, Westmorland and Yorkshire, and who was knight of the shire for Westmorland from 12 Edw. II. to 22 Edw. III.: Edmond Sandford, probably

animam meam deo et beate Marie et corpus meum ad sepeliendum in ecclesia Sci Michaelis de Appelby scilicet in porticu Beate Marie in eadem ecclesia. Item in lumine circa corpus meum duas petras cere ad faciendum v tapers. In oblacionibus xx s. Item in convocacione amicorum die sepulture mee xx marcas. Item in distribucione pauperum c s. Item volo quod habeam duos presbyteros celebrantes per unum annum proximum post mortem meam apud Appelby ubi corpus meum sepelietur. Item lego Margarete Langleys xl s. viz. Margarete que fuit uxor Johannis de Hoton. Item Alicie Langleys xl s. Item Rogero de Fulthorp consanguineo meo duos equos de melioribus equis meis. Item Will⁰ Proppe xl s. Item Isabelle de Whytinghame unam marcam. Item volo quod uxor mea habeat residuum omnium bonorum meorum. Ad omnia illa facienda et exequenda facio executores meos Margaretam uxorem meam[1] Tho. de Warthcopp seniorem et Edm. de Sandford. In cujus rei testimonium huic testamento meo sigillum meum apposui. Dat. apud Hegheved[2] die Mercurii in festo Sci Petri ad vincula[3] anno regni Regis Edw. tercii post Conquestum quadragesimo tercio (1369).

Proved at Rose, 20 *Aug.* 1369.

the same with the witness of that name to this will, married an Idonea English. See Whelan's *Cumberland*, p. 727, where is a confused account of the family.

[1] He appears to have been twice married: his first wife's name was Helena. See Whelan, 727.

[2] Highhead in the parish of Dalston; William L'Angleys had license in 1342 to crenellate his mansion there.

[3] August 1st.

CVII. Testamentum Dne Margarite que fuit uxor Dni Will. Lengleys militis[1].

Reg. vol. 2, folio 176. Trans. vol. 4, p. 236.

In dei nomine Amen. Ego Margareta Lengleys die Martis in festo Sci Dionisii anno domini MCCCLXIX[2] condo testamentum meum in hunc modum. In primis lego animam meam deo altissimo beate Marie et omnibus sanctis et corpus ad sepeliendum in ecclesia beate Marie Karl. cum uno equo. Item meliorem equum Episcopo Karl. nomine mortuarii. Item lego xvj marcas duobus capellanis divina celebraturis pro anima mea per unum annum. Item lego in expensis die sepulture mee circa corpus meum xl s. Item in distribucione pauperum eodem die xl s. Item Anabelle Bruyne xiij s. iiij d. Item lego Bowet xl s. Item parvo Thome Bowet xx s. Item Isabelle Bowet xiij s. iiij d. Item Isabelle de Whytingham xl s. Item parvo Roberto Bowet xx s. Item parvo Johi Bowet xx s. Item Cecilie Swaynson xx s. Item lego Johi Sothoroune xiij s. iiij d. Item Isabelle filie mee unum annulum cum uno diamando. Item Thome Bowet unum nowche. Item Elizabethe sorori mee unum nowche de argento. Item Will° Ros xl s. Item Johi Spurlyng vi s. viij d. Item Johi de Swandon vi s. viij d. Item Johi Coke vi s. viij d. Item vicario ecclesie de Dalston xx s. Item Johi Ellarle iij s. iiij d. Willo. Byrd ij s. Item Bricio ij s. Item Will. Paybone vi s. viij d. Item (*gap*) Hyne Joh. Awkelour et Ade Hayward x s. Item Stepho de Meburn (*gap*). Item Agnete Amblour j jumentum. Item Ellote de Penreth j vaccam cum vitulo. Item (*gap*) Hobcrone j vaccam. Item fratribus iiij ordinum per equales porciones xx s. et ij (*gap*). Item lego residuum omnium bonorum meorum presbyteris (*gap*) pro anima Dni Will¹ Lengleys et pro

---

[1] See the last will. [2] Tuesday, October 9, 1369.

anima mea. Et ad istud testamentum (*gap*) fideliter exequendum hos constituo executores viz. Tho. Bowet, Dm Gilbert Bowet capellanum Dm J. de Midelton capellanum Joh. Sothereyne. Dat. apud Hegheved[1] die et anno supradictis.

Proved 12 *Oct.* 1369.

CVIII. TESTAMENTUM JOH. DE DALSTON.

Reg. vol. 2, folio 177. Trans. vol. 4, p. 237.

IN dei nomine Amen. Ego Joh. de Dalston die dominica proxima post festum Sci Luce Evangeliste anno domini MCCCLXIX[2] condo testamentum meum in hunc modum. In primis lego animam meam deo et beate Marie et corpus meum ad sepeliendum in ecclesia de Dalston cum meliori averio meo nomine mortuarii. Item do et lego in lumine circa corpus meum die sepulture mee et oblacionibus xiij s. iiij d. Item do et lego lumini beate Marie in ecclesia de Dalston xl d. Item lego lumini Sce Crucis in ecclesia de Dalston xl d. Item lumini Sci Michaelis in ecclesia de Dalston xl d. Item lego cuilibet pauperi venienti die sepulture mee j d. Item quatuor ordinibus fratrum per equales porciones xiij s. iiij d. Item lego ad celebrandum divina servicia pro anima mea per unum annum in ecclesia de Dalston viii marcas. Item lego duos boves ut transeant ad conducendum (*sic*)[3] pro anima mea. Item lego ornamentis altaris Sci Michaelis de Dalston ij s. Item lego pro uno libro missali ad altare beate Marie in ecclesia de Dalston xx s. Item lego pro reparacione fontis in ecclesia de Dalston xij d. Item lego Willmo servienti meo duas vaccas et j eskeppam avene. Item lego Johe del Feld ancille mee tres agnos. Item lego Thome filio

---

[1] Highhead Castle in Cumberland, see the preceding will.
[2] Sunday after 18 October 1369.
[3] *Capellanum celebraturum per unum annum* are probably omitted.

Ade Porter xij agnos. Item lego domino Johi de Midleton vicario ecclesie de Dalston dimidiam marcam. Item Dno Nich⁰ Lambe capellano xl d. Item Thome clerico xl s. Item ponti de Caldewe juxta Karleolum xij d. Item ponti de Caldewe juxta Dalston xij d. Item lego residuum omnium bonorum meorum Agnete uxori mee et pueris meis. Et ad istud testamentum meum perimplendum et faciendum hos facio executores meos viz. dnm Johem de Midelton Adam Porter et Rob. de Briscawe. In cujus rei testimonium presentibus sigillum meum apposui.

Proved 24 *Oct.* 1369.

CIX. Testamentum Rici de Aslacby Vicarii Ecclesie Sci Michaelis de Appelby.

Reg. vol. 2, folio 178. Trans. vol. 4, p. 238.

In dei nomine Amen. Ego Ricus de Aslacby die Veneris prox. ante festum Omnium Sanctorum anno domini MCCCLXIX[1] condo testamentum meum in hunc modum. In primis lego animam meam deo et beate Marie et omnibus sanctis et corpus meum ad sepeliendum in ecclesia Sci Michaelis de Appelby coram cruce. Item lego xl s. distribuendos pauperibus (*gap*) xl s. in congregacione amicorum. Item in lumine viij libras cere. Item lego capellano divina (*gap*) in predicta ecclesia viz. Dno Ric. de Brumley et Dno Will. de Aslacby xvi marcas (*gap*). Et si dictus Will. noluerit conduci tunc celebret dictus Ricardus per duos (*gap*). Item lego Johi filio meo c s. cum uno lecto integro de (*gap*) et quatuor cochlearia de argento et unum maserum. Item ponti (*gap*) vi s. viij d. Item pontibus de Burgh et Sowrby xiij s. iiij d. Item fratribus Augustinis de Penreth xx s. Item fratribus de Appelby xiij s. iiij d. Item dicto dno Ricardo vj s. viij d. cum toga

[1] Friday before November 1, 1369.

longa de bluetto. Item Joh. Wynd. iij s. iiij d. Item
Willo filio Ade vi s. viii d. cum uno boviculo et j juvenca
et j toga curta et viridi. Item duabus ancillis meis iiij s.
Item Johi servienti meo xviij d. Item Agnete Wryght iii s.
iiij d. Item Christiane Hyne tantum. Item zonam argenteam meam ad opera ecclesiarum Sci Petri Ebor. et See
Marie Gisburne. Item Dno Will. de Newton xiij s. iiij d.
Item Magistro Willo de Stirkland tantum. Item Johanni
filio meo unum librum portatorium usui Ebor. et unum
psalterium. Item lego Dno Willo consanguineo meo unum
colt nigrum et j doser et j banquer et vi guyssyns. Item
residuum omnium bonorum meorum do et lego Dno Will.
de Newton Will. de Stirkeland Dno Ric. de Brumley quos
constituo executores meos ad disponendum pro anima mea.
In cujus rei testimonium sigillum meum apposui.

Proved 2 *Nov.* 1369.

CX. TESTAMENTUM JOH. DE HOTHWAYT.

Reg. vol. 2, folio 173. Trans. vol. 4, p. 240.

IN dei nomine Amen. Ego Joh. de Hothwayt xviij
die Novembris Ao Dni MCCCLXIX condo testamentum
meum in hunc modum. In primis lego animam meam deo
et beate Marie et omnibus sanctis et corpus meum ad
sepeliendum in ecclesia Sci Cuthberti de Plumland cum
meliori averio meo et panno meo nomine mortuarii. Item
lego in cera circa corpus meum die sepulture mee v libras
cere. Item lego Thome fratri meo unum cultellum argenteum j vestimentum j calicem iiij libros et j anulum aureum.
Item G. fratri meo j sigillum argenteum et Dno Thome de
Warthole j cultellum argenteum. Et de residuo bonorum
meorum deductis debitis meis do lego (*sic*) fratribus et
sororibus meis. Et ad istud testamentum meum exequendum fideliter facio Johem de Ireby Thome (*cetera desunt*).

CXI. TESTAMENTUM MAGISTRI WALTERI DE HILTON.

Reg. vol. 2, folio 193. Trans. vol. 4, p. 251.

IN dei nomine Amen. Ego Walterus de Hilton rector ecclesie de Moreby[1] condo testamentum meum die lune proximo post festum Sci Jacobi anno Dni MCCCLXIX[2]. In primis lego animam meam deo et beate Marie et omnibus sanctis et corpus meum ad sepeliendum in ecclesia Omnium Sanctorum de Moreby. Item lego fabrice ecclesie de Moreby ij s. Item lego fabrice matricis ecclesie de Lincoln xij d. Item do et lego totum residuum omnium bonorum meorum non legatorum Willo de Hilton et ipsum Willm de Hilton executorem meum ordino et constituo ut ipse disponat pro anima mea prout ei melius videbitur expedire. In cujus rei testimonium huic presenti testamento sigillum meum apposui. Sigill. apud Moreby die et anno supradictis.

Proved in the parish church of Horncastle[3] before the Dean of Horncastle, 4 *Sept.* 1369.

CXII. TESTAMENTUM ROBI BRUYNE[4].

Reg. vol. 2, folio 199. Trans. vol. 4, p. 252.

IN dei nomine Amen. Ego Rob. Bruyne in crastino Sci Jacobi Apostoli A.D. MCCCLXIX[5] condo testamentum meum in hunc modum. In primis do et lego animam

[1] Moorby in the diocese of Lincoln.
[2] Monday after July 25, 1369.
[3] Moorby is within the manor and soke of Horncastle, which was long the property and a peculiar of the Bishops of Carlisle.
[4] A family of this name, Brun, held property at Bothill, Glasson, Beaumont, Drumburgh, Bowness, etc.; they were also called De Feritate, from their seat of Brunskeugh beneath the river Eden near the wastes. See Denton's *Account of Cumberland*.
[5] July 26, 1369.

meam deo et beate Marie et omnibus sanctis et corpus meum ad sepeliendum in ecclesia de Bownes cum mortuario sicut moris est et sicut fecerunt antecessores mei. Item lego in omnibus aliis expensis pertinentibus ad sepulturam meam triginta libras. Item lego lumini beate Marie in ecclesia de Bownes et capella de Drumburgh xiii s. iiij d. per equales porciones. Item fratribus predicatoribus et minoribus Karli xx s. per equales porciones. Item fratribus de Appelby (et) de Penreth tantum. Item ponti de Caldew x s. Item Matilde Broyn xl s. Item Johi Broyn seniori xl s. Item Gilberto Rose viginti solidos et j lectum. Item Willo Petybon xl s. Item Galfrido Story xiii s. iiij d. Item Rico Rivyn et uxori sue xiii s. iiij d. Item lego Ade de Brunskayth xx s. Item lego Thome Brun e s. Item Waltero Dobson xx s. Item volo quod omnia debita mea plene solvantur. Item volo quod omnes servientes mei quibus nondum satisfeci de stipendiis respiciantur. Item volo quod si quid ab aliquo injuste receperim fiat competens restitutio. Executores meos facio Dnm Will. Rectorem de Bownes Joh. Broyn Dm. Will. Rectorem de Kirkoswald Dm. Rob[m] Rectorem de Thoresby Dm. Adam Rectorem de Bolton coram testibus. In cujus rei testimonium sigillum meum apposui apud Bothill. Dat. die et anno superius memoratis. Item volo quod residuum omnium bonorum meorum et pecunia recipienda pro omnibus terris vendendis expendatur in celebracionibus missarum et aliis operis caritatis.

Proved 24 *Aug.* 1369.

CXIII. TESTAMENTUM ROB[I] MARSSHALL.

Reg. vol. 2, folio 201. Trans. vol. 4, p. 255.

IN dei nomine Amen. A° Dni MCCCLXXJ nono die Martii[1]. Ego Robertus Marsshall de Talentyre condo

[1] March 9, 1371/2.

testamentum meum in hunc modum. In primis lego animam meam deo et beate Marie et omnibus sanctis et corpus meum ad sepeliendum in ecclesia Sce Brigide[1] cum optimo animali meo nomine mortuarii. Item do et lego iij s. iiij d. pro lumine habendo circa corpus meum. Item in oblacionibus vi s. viij d. Item summo altari pro decimis oblitis unum boviculum. Item do et lego in convocatione vicinorum meorum die sepulture mee xl s. Item fabrice unius campanilis ecclesie Sce B. xxiii marcas in casu quo parochiani voluerint facere unum novum campanile. Item lego fratribus predicatoribus Karl. unum eskepp ordei. Item fratribus minoribus ejusdem ville j eskepp ordei. Item fratribus de Penreth dimidium eskepp ordei. Item fratribus de Appelby dimidiam eskeppam ordei. Item vicario de Bridekirk xiij s. iiij d. Item do et lego Will. filio Joh. de Burgh xl s. Item Mariote filie Robi Marsshall xl s. Item dno Willo capellano iij s. iiij d. Item clerico parochiali xij d. Item Johi filio Joh. de Burgh unum boviculum precii vi s. viij d. Item Rob⁰ Hede vij s. Item Abbati et conventui del Holm[2] xiij s. iiij d. Item priori et conventui Karli xiij s. iiij d. Item Robto Hede de Burgham v s. Item Will. Gryme vi s. viij d. Item Enote Bell vj s. viij d. Item priori et conventui de Gysburgh x libras. Item lego Nicholao Saunderson xxvi s. viij d. Item Johi filio Joh. Marshall xx s. Item lego presbyteris ad celebrandum pro anima mea xxij libras. Item do et lego totum residuum omnium bonorum meorum Agnete uxori mee. Et ad istud testamentum bene et fideliter exequendum Nich. Saunderson Agnetam uxorem meam Joh. de Burgh et Rob. Hede meos ordino executores. Hiis testibus Will. capellano de Bridekirk Johe Dogson de Talentire et aliis.

Proved 20 *June*, 1371.

[1] The church of St Bridget of Bridekirk in Cumberland.
[2] Holm Cultram in Cumberland.

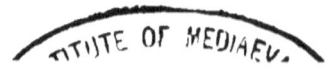

CXIV. Testamentum Johis de Burdon Magistri Scolarum Karl.

Reg. vol. 2, folio 211. Trans. vol. 4, p. 264.

In dei nomine Amen. Ego Joh. de Burdon die lune proximo post festum Sci Gregorii A.D. MCCCLXX[1] in hospicio scolarum condo testamentum meum in hunc modum. In primis lego animam meam deo et corpus meum ad sepeliendum ubi providerit altissimus. Deinde lego in distribucione pauperum die sepulture mcc xiij s. iiij d. Item lego sacerdoti celebranti pro anima mea et Xtiane uxoris mee defuncte et omnibus vivis et defunctis de quorum bonis aliquid ad manus meas juste vel injuste devenit quinque libras sterlingorum et sex cochlearia argenti et unum ciphum de murro. Item lego ponti de Appelby xl s. Item quatuor ordinibus fratrum mendicantium xl d. per equales porciones. Item lego Johi Wrighson consanguineo meo xl s. sterlingorum. Item lego liberis Radulphi Neux xl s. Item lego Buysesell xl s. et omnes libros meos. Item lego Alicie uxori Steph. Lange vi s. viij d. et unam tunicam furratam cum capucio. Item lego Mariote uxori Joh. del Bakhous, unum forcerium quod est in custodia sua cum omnibus jocalibus contentis in eodem. Residuum vero omnium bonorum meorum lego Joh. del Bakhous. Et ad istud testamentum meum fideliter exequendum executores meos constituo Tho. del Stegill Canonicum Joh. de Bakhous et Joh. de Buyssell.

Proved 21 *June*, 1371.

CXV. Testamentum Rob[i] de Kirkeby Rectoris Medietatis Ecclesie de Aykton.

Reg. vol. 2, folio 249. Trans. vol. 4, p. 299.

In dei nomine Amen. Ego Robertus de Kirkeby rector ecclesie medietatis de Aykton tempore oneratus

[1] Monday after March 12, 1370/1.

et sane memorie die Sabbati proximo post festum Sci Marci Evangeliste A° Dni MCCCLXXI[1] condo testamentum meum in hunc modum. In primis lego animam meam deo et beate Marie et omnibus sanctis et corpus meum ad sepeliendum ubicunque deus disposuerit. Item do et lego in cera et oblacionibus die sepulture mee x s. Item in distribucione pauperum apud Aykton l s. Item in distribucione pauperum apud Halton x s. Item lego fratribus predicatoribus Karli xiii s. iiij d. Item fratribus minoribus Karli vi s. viij d. Item fratribus de Penreth vi s. viij d. Item fratribus de Appelby vi s. viij d. Item lego priori et conventui beate Marie xx s. Item priori et conventui de Lanercost xx s. Item lego Alicie sorori mee xx s. Item do et lego fratri Thome Marschall xiii s. iiij d. et librum meum Anglicum. Item Johi Awen vi s. viij d. Item lego dicto fratri Thome iiij libras argenti ad celebrandum pro anima mea per unum annum. Item lego domino Will. de Beaumont capellano x s. et unam zonam stipatam cum argento et murream. Item lego cuilibet capellano celebraturo pro anima mea per unum annum c s. Item lego cuilibet executori meo xx s. Item do et lego Alicie sorori mee et dno Willo de Beaumont omnes pannos meos tam pro lecto meo quam pro corpore meo. Item lego Dno Willo Layakton capellano iij s. iiij d. Item do et lego cuilibet capellano seculari celebranti in Karlo xii d. Item lego singulis filiolis meis venientibus quos de sacro fonte suscepi ii s. Item do et lego portiforium meum ecclesie de Aykton. Item do et lego totum residuum omnium bonorum meorum non legatorum Andree de Layton. Et ad hoc testamentum meum fideliter exequendum et implendum ordino et constituo executores meos Andream de Layton Dm Will. de Arthuret et Dm Joh. de Midelton tunc vicarios de Arthureth et Dalston. Et quia sigillum meum pluribus

---

[1] Saturday after April 25, 1371. Aikton is a parish in Cumberland to the west of Carlisle.

est incognitum sigillum officii decanatus Karli personaliter apposui. Et ego vero predictus decanus ad rogationem dicti dni Rob¹ de Kirkeby sigillum officii mei in testimonium premissarum huic testamento apposui.

Proved 26 *April*, 1372.

CXVI. TESTAMENTUM ROB¹ DE TIBBAY DE KARLIOLO.

Reg. vol. 2, folio 255. Trans. vol. 4, p. 305.

IN dei nomine Amen. In die translacionis Sci Swithini Episcopi A° Dni MCCCLXXIIJ[1]. Ego Robertus de Tibbay condo testamentum meum in hunc modum. In primis do et lego animam meam deo et beate Marie et omnibus sanctis et corpus meum ad sepeliendum in choro ecclesie Sci Chutberti Karli cum meliori averio meo et panno nomine mortuarii. Item do et lego cuilibet pauperi accedenti ad predictam ecclesiam die sepulture mee hora matutina unum denarium. Item do et lego decem libras cere ad quinque cereos fabricandos ad comburendum circa corpus meum die sepulture mee ita quod quilibet cereus contineat pondus duarum librarum. Item do et lego custodibus luminis beate Marie virginis ejusdem ecclesie unum annuum redditum vi solidorum percipiendum de domibus Nich¹ filii Alani filii Walteri in eadem civitate sicut jacet ex opposito domus sive mansi fratrum minorum ad sustentacionem luminis beate Marie in predicta ecclesia Sci Chutberti Karli. Item do et lego Johanne de Derle filie Rogeri de Derle xx s. ad maritagium ejusdem. Item do et lego tenementum in quo traho moram Beatrici uxori mee ad terminum vite sue una cum pertinenciis. Ita tamen quod post decessum ejusdem remaneat Dno Rob" Taillour heredibus et assignatis suis. Item lego cuilibet capellano ad meas exequias venienti in die sepulture mee

---

[1] July 15, 1373. Tibbay (Tebay) is now a well known railway station.

xij d. Item fratribus predicatoribus et minoribus unam marcam per equales porciones. Item lego duobus capellanis pro anima mea celebrantibus x libras sterlingorum et uni capellano c solidos et si non possint sic haberi volo quod sit in disposicione executorum meorum. Et residuum omnium bonorum meorum non legatorum do et lego dno Johi Bone et dno Rob° Taillour capellanis quod ipsi disponant pro anima mea et ad istud testamentum meum fideliter exequendum ordino et constituo executores meos dictos dominos Johem Bone et Rob. Taillour capellanos. Hiis testibus Adam Staffuld Patricio Bacastre et Thoma Strang.
     Proved in ecclesia Cathedrali Karl., 1373.

CXVII. TESTAMENTUM JOH[is] YARONE[1] DE KARL.

Reg. vol. 2, folio 256. Trans. vol. 4, p. 306.

IN dei nomine Amen. Ego Joh. Yarone condo testamentum meum in hunc modum. In primis lego animam meam deo et beate Marie et omnibus sanctis et corpus ad sepeliendum in cimiterio canonicorum beate Marie Karl. cum meliori averio meo et panno. Item lego sacerdotibus ministrantibus in exequiis meis cuilibet eorum vi d. Item cuilibet fratri venienti ad exequias meas i d. Item lego in convocacione vicinorum meorum duos multones et unam juvencam et xi s. viij d. in pane et potu. Item fabrice ecclesie beate Marie et lumini in ecclesia parochiali iiij s. per equales porciones. Item lego in cera ad comburendum circa corpus meum vi s. viij d. Item fratribus minoribus et predicatoribus utrique eorum ij s. Item dno Johi de Mydelton xl d. Item pontibus de Eden et Caldew utrique eorum ij s. Item do et lego dno Will° de Yarone filio meo unum tenementum jacens inter terram prioris et conventus Karl. ex parte una et terram Johis Frere ex parte altera et

[1] *Query* Yarom.

unum alterum tenementum in Caldewgate quod perquisivi de Johe Dobson et unam acram terre super Aldcotbank[1] quam perquisivi de Hen⁰ Kirkholf ut dictus Will. celebret pro anima mea per unum annum pro predictis tenementis et acra terre. Item do et lego Johanni filio meo duo tenementa edificata ex opposito Les Fleshamels[2] ex una parte et via regia ex altera parte tenendum et habendum predicto Johanni heredibus et assignatis suis de capitalibus dominis feodi per omnia inde debita et de jure consueta. Item fabrice ecclesie beate Marie lego unum plaustrum ferratum. Item debitis meis bene et fideliter solutis lego et volo quod bona mea dividantur in tres partes equales et quod una pars remaneat michi ad implendum testamentum meum et altera pars remaneat Xtiane uxori mee pro porcione sua et quod tercia pars remaneat Dno Willelmo et Johanni duobus filiis meis. Item lego residuum partis mee si quid fuerit Dno Willo filio ut ipse celebret divina pro anima mea quamdiu durare poterit. Et ad istud testamentum meum fideliter exequendum et implendum constituo executores meos Dom. Will. de Yarone et Rob. Goldsmith. In cujus rei testimonium sigillum meum apposui coram testibus. Dat. die et anno dom¹ supradictis.

Proved 5 *Dec.* 1373.

CXVIII. TESTAMENTUM ADE BROU(N) DE SCOTEBY[3].

Reg. vol. 2, folio 258. Trans. vol. 4, p. 308.

IN dei nomine Amen. Adam Brown de Scoteby die Martis post festum conversionis Sci Pauli A⁰ Dn. MCCCLXXIII[4] condidit testamentum suum in hunc modum.

[1] Probably Caldcoat Bank.
[2] The Butchers' Shambles were situated in the Market Place on the east side of the Market Cross.
[3] A village near Carlisle.
[4] Tuesday after Jan. 25, 1373/4.

In primis dedit animam suam deo et beate Marie et omnibus sanctis et corpus suum ad sepeliendum in cimiterio Sci Chutberti de Kirklevyngton[1] cum meliori averio pro nomine mortuarii. Item legavit ad lumen circa corpus suum comburendum die sepulture sue ij s. Item legavit lumini Sce Marie in ecclesia predicta xii d. Item legavit Henrico filio suo illegitimo i vaccam i juvencam xviij eskeppas ordei et avene. Item legavit filiis Ade del Banks de Karlo xii eskeppas ordei et avene. Item Willo Fletcher de Scoteby quatuor ulnas panni viz. russett. Item Margarete filie Johis Brown i ovem i agnum et eidem i tunicam de russett. Item Gilberto de Brunstath[2] unam albam tunicam et i eskeppam farine avene et i eskeppam brasei. Item legavit Johne filie Elene de Brunstath j albam tunicam. Item Mariote de Brunstath x s. Item Joh. Smalham plaustrum suum. Item dedit et legavit totum residuum bonorum suorum dicto Johi Smalham executori suo pro anima sua et debitis suis solvendis prout melius sibi videbitur expedire disponendum et ordinandum. Et ad istud testamentum suum bene et fideliter (*sic*) hunc constituit et ordinavit executorem suum viz. Johem Smalham predictum. Hiis testibus Johe Benson et Joh. Wylkynson.

Proved 6 *Oct.* 1374.

CXIX. Testamentum Thome de Anandale Rectoris Ecclesie de Askeby[3].

Reg. vol. 2, folio 259. Trans. vol. 4, p. 310.

In dei nomine Amen. xviij die Novembris et in Octavis Sci Martini A° D^i MCCCLXXIIIJ ego Thomas de Anandale Rector ecclesie parochialis de Askeby Karli

---

[1] Kirklinton in Cumberland.
[2] Brunstath, probably now Brunstock near Carlisle.
[3] Asby near Appleby.

dioc. compos mentis et sane memorie condo testamentum meum in hunc modum. In primis do et lego animam meam deo et beate Marie et omnibus sanctis et corpus meum ad sepeliendum in ecclesia parochiali vel in choro ejusdem ecclesie de Askeby. Item in cera circa corpus meum die sepulture mee vi libras cere. Item in oblacionibus vi s. viij d. Item in distribucione pauperum die sepulture mee tres libras. Item in convocacione amicorum x libras. Item in celebratione divina pro anima mea apud Novum Castrum super Tynam c marcas. Item in ecclesia de Askeby l marcas. Item pontibus de Eden juxta Karl. Kirkoswald, Salkeld, Temple Sowerby, Appelby et Warcopp, Amot, Louther[1] viii marcas per equales porciones. Item ponti Patrici de Askeby[2] unam marcam. Item monalibus de Ermynthwayt xx s. Item quatuor ordinibus fratrum quatuor marcas per equales porciones. Item cuilibet capellano parochiali Westmerl. xii d. Item ecclesie beate Marie Karl. xx s. Item Dno Thome Gerrard Rectori ecclesie de Castel Kayrok[3] xl s. Item Willo de Anandale clerico consanguineo meo x marcas. Item dno Johi de Askeby capellano xl s. Item Agid sorori mee unam marcam. Item Johi Gerrard de Carleton consanguineo meo xl s. Item Juliane nepti mee de Anandale unam marcam. Item Johi Raynaldson quinque marcas. Item Johi Prestonson et Matilde uxori sue xl s. Item Johanne uxori Rob[t] Prestonson dimidiam marcam. Item Johi de Anandale servienti meo quinque marcas. Item Dno Johi de Bampton unam marcam et meliorem tunicam meam. Item lumini beate Marie de Askeby xx s. Item Willo de Hill capellano xl s. Item do et lego totum residuum omnium bonorum meorum non specialiter legatorum executoribus

---

[1] The first six of these bridges are across the river Eden: the other two are near Penrith over the rivers Eamont and Lowther.
[2] In Asby Gill is Pate's (or Patrick's) Hole, a remarkable cavern, with a stream running from it.
[3] Castle Carrock in Cumberland.

meis infrascriptis. Et ad istud testamentum fideliter faciendum et implendum Rob^m de Ormesheved[1] et Will. de Hill capellanum et Johem de Anandale consanguineum meum executores meos ordino et constituo. Hiis testibus Dno Johe de Bampton et Johe Raynalson. Dat. apud Askeby die et anno supradictis.

Proved 11 *Dec.* 1374.

CXX. PROBACIO TESTAMENTI JOHANNIS DE PENRETH.

Reg. vol. 2, folio 259. Trans. vol. 4, p. 311.

IN dei nomine Amen. Probatum etc. 12 Nov. 1374 etc. testamentum Johis de Penreth de Karlo nuncupative etc.

In primis die dominico proximo post festum Sci Martini in yeme[2] A° Dni MCCCLXXIIIJ legavit animam suam deo et beate Marie et omnibus sanctis et corpus suum ad sepeliendum in cimiterio beate Marie Karl. Item legavit omnia bona sua Magote uxori sue et Roberto filio suo. Et factis expensis suis circa corpus suum et debitis suis plenariter solutis (*sic*). Et ad istud testamentum fideliter exequendum constituit executores suos dm Rob. de Musgrave Capellanum et Magotam uxorem suam predictam.

CXXI. TESTAMENTUM WILL. DE HOTHWAYT.

Reg. vol. 2, folio 263. Trans. vol. 4, p. 317.

ISTUD est testamentum nuncupativum Will. de Hothwayt conditum Oxonie in camera sua die proximo post festum Purif^s Be Marie MCCCLXXIIIJ[3]. In primis dictus

---

[1] Ormshead or Ormside near Appleby, a contiguous parish to Asby.
[2] Qu. *hieme?* St Martin's in the winter, Nov. 11.
[3] February 3, 1374/5.

Willus dedit et legavit c s. sacerdoti celebranti pro anima Rob¹ de Musgrave et pro animabus omnium fidelium defunctorum. Item legavit Elene de Hothwayt sorori sue xl s. Item legavit Rob⁺⁰ Dencorto iij s. iiij d. Item legavit Magistro Thome de Karlele vi s. viij d. Item legavit magistro Joh. de Stokesleye vi s. viii d. Item legavit Johi de Corkby vi s. viij d. Item legavit Thome de Fawside ij s. Item legavit Willo de Arthureth xii d. Item legavit Hugoni Haynyng xii d. Item fratribus Augustini (*sic*) Oxon. xl d. Item residuum omnium bonorum suorum voluit esse in disposicione executorum suorum. Et ad istud testamentum fideliter exequendum istos constituit executores magistrum Will. de Bowenes et magistrum Thomam de Karlele et Will. de Stirkland. Ad quorum disposicionem omnia bona sua voluit disponi. Hiis testibus Dno Rob. de Routhburg Canonico Regulari Tho. de Mulcastre Will. de Alnewyk Hugone Haynyng.

Probatum est presens testamentum coram nobis Willo de Wilton Sacre pagine professore cancellario Universitatis Oxonie penultimo die mensis Feb. Anº supradicto.

Approved at Rose, 22 *Aug.* 1375.

CXXII. TESTAMENTUM JOH. TANNER DE PENRETH.

Reg. vol. 2, folio 287. Trans. vol. 4, p. 322.

IN dei nomine Amen. Ego Johes Tanner de Penreth condo testamentum meum die Martis proximo post festum Sci Nicholai Episcopi anno domini MCCCLXXV[1] in hunc modum. In primis do et lego animam meam deo et beate Marie et omnibus sanctis et corpus meum ad sepeliendum in ecclesia parochiali de Penreth vel cimiterio ejusdem cum meliori averio meo nomine mortuarii. Item lego in cera comburenda circa corpus meum die sepulture mee quinque

[1] Tuesday after December 6, 1375.

libras cere. Item lego in distribucione pauperum die sepulture mee iij libras argenti. Item lego cuilibet presbytero venienti ad officium mortuarium xii d. Item lego vicario de Penreth pro decimis oblitis vi s. viii d. Item lego fratribus de Penreth vi s. viii d. Item lego uni capellano celebranti in ecclesia de Penreth per unum annum pro anima mea et pro animabus omnium fidelium ix marcas argenti. Item residuum omnium bonorum meorum non legatorum do et lego Mariote uxori mee et Johi filio meo et constituo meos executores ad implendum istud testamentum meum bene et fideliter Adam Curtays de Penreth et Mariotam uxorem meam.

Proof not given.

CXXIII. Probacio Testamenti Agnete uxoris Tho. Wilkynson de Syrewith[1].

Reg. vol. 2, folio 287. Trans. vol. 4, p. 323.

WILL not set out: proved, Tuesday after St Calixtus[2]: administration to the husband.

CXXIV. Probacio Testamenti Cecilie uxoris Rob. Lander de Haukysdale.

Reg. vol. 2, folio 287. Trans. vol. 4, p. 323.

NUNCUPATIVE will of Cecilie wife of Robert Lander de Haukysdale[3] proved: will not given: administration to Henry Waller, named executor in the will.

Oct. 26, 1376.

[1] Qu. Skirwith near Penrith?
[2] Tuesday after October 14, 1376.
[3] Hawkesdale is a township in the parish of Dalston: in this township Rose Castle is situated.

CXXV. PROBACIO TESTAMENTI ROB[1] PINKINEGH DE DALSTON.

Reg. vol. 2, folio 287. Trans. vol. 4, p. 323.

NUNCUPATIVE will of Robert Pinkinegh de Dalston: proved 23 *Oct.* 1376: will not given: administration to J. de Herdendale[1] named executor in the will.

CXXVI. TESTAMENTUM JOH. DE BRINTHOLME DE PAROCHIA DE CROSTHWAYT[2].

Reg. vol. 2, folio 289. Trans. vol. 4, p. 324.

IN dei nomine Amen. In festo exaltacionis Sce Crucis A.D. MCCCLXXVI[3]. Ego Joh. de Bryntholm de parochia de Crosthwayt condo testamentum meum in hunc modum. In primis lego animam meam deo et corpus meum ad sepeliendum in cimiterio ecclesie de Crosthwayt. Item lego ad oblaciones die sepulture mee vi s. viij d. Item lego in lumine eodem die ix libras cere. Item lego duodecim duodenas[4] panni de russet distribuendas pauperibus viz. pro xxxij tunicis. Item lego pro expensis funeralibus die sepulture mee c s. Item Elene matri mee xl s. Item lego Lawrentio fratri suo xx s. Item Thome fratri suo xx s. cum una tunica de me usitata. Item Alicie Mayden vi s. viij d. Item Johi filio ejusdem vi s. viij d. Item Johi Atman x s. Item capellano parochiali de Crosthwayte viz. dno Ade xx s. Item fratri Will. de Goldesburgh xxv s. Item fratribus minoribus Karl. iij s. iiij d. Item fratribus predicatoribus ejusdem ville iij s. iiij d. Item fratribus

---

[1] Hardendale is in Westmorland near Shap.
[2] A parish in Cumberland in which is the town of Keswick.
[3] September 14, 1376.
[4] Qu. *ulnas* omitted? In that case 4½ ells go to make a tunic.

Carmelitibus de Appelby iij s. iiij d. Item vi libras cere ad illuminandum coram ymagine Be Virginis Marie et Sco (*sic*) Kentegarneo (*sic*). Item pro emendacione pontis de Derwent vi s. viij d. Item Thome clerico iij s. iiij d. Item Rob. Alkynknave vi s. viij d. Item uxori sue vi s. viij d. Item Rob. de Sponhowe x s. Item Joh. Frankys iij s. iiij d. Item Joh[i] del Banks de Wythopp xiij s. iiij d. Item Ade de Wakthwayt et Isabelle uxori sue xx s. Item Johi filio suo vi s. viij d. Item pauperibus die sepulture mee lx s. Item custodi luminis beate Marie pro lumine ejusdem et pro lumine Sci Jacobi iij s. iiij d. Item vicario de Crosthwayt xiij s. iiij d. Item firmario ecclesie de Crosthwayt pro decimis oblitis vi s. viij d. Item Dno Hen. Clerk capellano vi s. viij d. Et quicquid residuum fuerit omnium bonorum meorum non legatorum volo ut disponatur ad utilitatem uxoris mee et filiorum meorum. Et ad istud testamentum bene et fideliter exequendum ordino et constituo hos executores meos viz. Elenam uxorem meam Will[m] filium meum et Thomam de Crosthwayt.

No proof noted.

CXXVII. Probacio Testamenti Dni W. de Arthureth Rectoris de Oreton.

Reg. vol. 2, folio 290. Trans. vol. 4, p. 325.

Proved 3 *March*, 1376; no will or information given.

CXXVIII. Testamentum Joh. Pynknegh Senioris[1].

Reg. vol. 2, folio 291. Trans. vol. 4, p. 327.

In dei nomine Amen. Ego Joh. Pynknegh senior die parasceves Anno dom[i] MCCCLXXVJ[2] condo testamentum

---

[1] This will is much obliterated in places.
[2] Good Friday, 1376.

meum in hunc modum. In primis do et lego animam meam deo et beate Marie et omnibus sanctis et corpus meum ad sepeliendum in cimiterio ecclesie de Dalston cum meliori averio meo nomine mortuarii. Item in cera comburenda circa corpus meum die sepulture mee xij d. In oblacionibus eodem die (*obliteration*). Item ponti Sci Wenem[1] (*obliteration*) vi d. Item ponti de Dalston vi d. Item vicario de Dalston in alt. ..anno supradicto iiij estrik avene. Item fratribus minoribus de Karl. xij d. Item fratribus predicatoribus Karl. xij d. Item cuidam capellano ad celebrandum pro anima mea per unum annum viij marcas. Item in convocacione amicorum et vicinorum meorum xij s. Item in distribucione pauperum dimidiam marcam et cerevisiam dimidie eskeppie brasii. Item uxori mee de parte mea x s. et dimidiam partem partis mee omnium bladorum meorum. Item alia dimidia pars... distribuatur pauperibus in pane cerevisia et farina. Item Isabelle ancille mee...et unam juvencam triennalem. Et residuum bonorum meorum lego executoribus meis. Et ad istud testamentum meum fideliter faciendum Aliciam uxorem meam et Johem Maystra (?) constituo executores meos. Item lego Johi Marche vicario de Dalston iij s. iiij d. Item Thome clerico vi d.

Proved 16 *March*, 1376/7.

CXXIX. TESTAMENTUM RECTORIS DE CROGLYN[2].

Reg. vol. 2, folio 291.   Trans. vol. 4, p. 328.

IN dei nomine Amen. Die dominica in ramis palmarum[3] A° Dni MCCCLXXVI Will. de Wyllerdby Rector ecclesie

---

[1] There was a hermitage near Dalston, occupied in 1343 by a recluse called Hugh de Lilford. There was a chapel appertaining to it dedicated to St Wynomius the bishop: a place called Chapel Flat is in the township of Hawksdale, and Hawksdale may be the site or near the site of the bridge of St Wenem. Dalston bridge is the one opposite Buckabank.

[2] A parish in Cumberland on the Eden.

[3] Palm Sunday.

parochialis de Croglyn condidit testamentum suum in hunc modum. In primis dedit et legavit animam suam deo et beate Marie et omnibus sanctis et corpus suum ad sepeliendum ubicunque deus disposuerit ad ordinacionem Dni Joh. de Marche vicarii de Dalston et Henrici de Bewyke executorum suorum. Item cuilibet presbytero celebranti pro anima sua vi s. viij d. Item uni homini ad visitandum * * * de Bevl.[1] iiij s. vel pro modo conduci poterit. Residuum omnium bonorum dedit executoribus ad persolvendum delicta sua et distribuendum secundum ordinacionem eorum quos Johem et Henricum constituit executores suos. Hiis testibus Johe de Kirkby et Johe capellano.

Proved 3 *April,* 1376.

CXXX. TESTAMENTUM WILL. DE LONDON.

Reg. vol. 2, folio 292. Trans. vol. 4, p. 328.

IN dei nomine Amen. Ego Willmus de London civis civitatis Karli condo testamentum meum in hunc modum xiij die mensis Maii A.D. MCCCLXXVI. In primis do et lego animam meam deo et beate Marie et omnibus sanctis et corpus ad sepeliendum in cimiterio canonicorum ecclesie beate Marie Karl. juxta parentes meos. Item lego unam petram cere ad comburendum in quinque cereis circa corpus meum die sepulture mee. Item lego ad distribuendum in * * pauperibus in pane x s. pro anima mea. Item lego dno Johi de Midelton ii s. Item lego fratribus predicatoribus et minoribus Karli dimidiam marcam equis porcionibus. Item lego monialibus de Ermythwayte[2] iij s. iiij d. Item cuilibet presbytero ville Karli venienti ad exequias meas vi d. Item Johi de Yardone clerico vi d.

---

[1] The shrine of St John of Beverley is probably meant.
[2] The Nunnery at Armathwaite.

Item lego monialibus Sci Barthoi Novi Castri super Tynam unum psaltarium et dimidiam marcam. Item do et lego duo tenementa mea cum pertinenciis Johanne uxori mee ad totam vitam suam sicut jacent inter tenementum Johis clerici de Anandale ex parte una et tenementum Edmundi de Warton ex parte altera habendum et tenendum predicte Johanne de capitalibus dominis feodorum illorum per servicia inde debita et consueta ita quod post decessum predicte Johanne uxoris mee predicta tenementa cum pertinenciis Rico de London fratri meo heredibus et assignatis suis remaneant in perpetuum tenendum et habendum de capitalibus dominis feodorum illorum ut predictum est. Item do et lego residuum omnium bonorum meorum Johanne uxori mee. Et ad istud testamentum fideliter faciendum et implendum constituo executorem Joham uxorem meam per usum et ordinacionem Rici de London fratris mei et Willi de Karlton junioris coram multis testibus. Dat. die et anno supradictis.

CXXXI. TESTAMENTUM WALTERI DE CLAXTON.

Reg. vol. 2, folio 292. Trans. vol. 4, p. 329.

IN dei nomine Amen. Ego Walt. de Claxton condo testamentum meum in hunc modum xxij die mensis Maii A.D. MCCCLXXVJ. In primis lego animam meam deo et beate Marie et omnibus sanctis et corpus meum ad sepeliendum in cimiterio ecclesie Be Marie cum equo meo meliori et armis meis nomine mortuarii. Item lego luminibus circa feretrum die sepulture mee v s. Item in oblacionibus eodem die v s. Item in convocacione vicinorum pascendorum eodem die et ad distribuendum pauperibus xl s. Item Abbati et conventui de Holme[1] xx s. Item vj capellanis celebrantibus et ministrantibus circa corpus meum die sepulture mee xij s. Item fratribus Karli dimidiam

[1] Holm Cultram.

marcam per equales porciones. Item fratribus de Penreth iij s. iiij d. Item fratribus de Appelby xx d. Item Willo consanguineo meo clerico v marcas. Item lego residuum omnium bonorum meorum capellano celebranti pro anima mea et animabus uxorum mearum parentum et benefactorum meorum apud ecclesiam de Wigeton dummodo poterit durare. Et ad testamentum meum fideliter exequendum ordino dnm Adam vicarium ecclesie de Bolton Johem de Aykheved capellanum et David de Stokdale meos executores testibus Adam del Higborne et Johe Moreman.

Proved 13 *May*, 1377.

CXXXII. TESTAMENTUM J. DE WARTHECOPP DE KIRKBY STEPHAN.

Reg. vol. 2, folio 296. Trans. vol. 4, p. 333.

IN dei nomine Amen. Dominica tercia quadragesima A.D. MCCCLXXVIJ[1]. Ego Joh. de Warthcopp bone memorie condo testamentum meum in hunc modum. In primis do et lego animam meam deo et beate Marie et omnibus sanctis et corpus meum ad sepeliendum in cimiterio ecclesie parochialis de Kirkby Stephan cum meliori averio meo nomine mortuarii. Item in lumine ad comburendum circa corpus meum die sepulture mee iij s. iiij d. Item in oblacionibus vi s. viij d. Item summo altari xiij s. iiij d. Item in distribucione pauperum quinque marcas. Item in convocacione vicinorum quinque marcas. Item fabrice ecclesie predicte xl petras plumbi. Item ad celebrandum divina pro anima mea x li. xiij s. iiij d. in ecclesia predicta. Item dno Johi Yve vi s. viij d. Item dno Johi Lambe capellano vi s. viij d. Item Will. clerico iij s. iiij d. Item Rogero filio meo xl s. Item Dno Johi de Merton vi s. viij d. Item

---

[1] The Third Sunday in Lent. Warthecopp (Warcop) is a parish in Westmorland near Kirkby Stephen.

quatuor ordinibus fratrum xxvi s. viij d. per equales porciones. Item Margarete del Hall unam vaccam bonam cum uno stirk. Item Henrico Henryson xx s. Item do et lego totum residuum bonorum meorum liberis meis inter me et Mariotam uxorem meam procreatis. Et ad implendum fideliter istud testamentum executores constituo dictam Mariotam uxorem meam Tho. filium et Henricum Henryson. Hiis testibus Gilbert Henryson et Dno Johe Yve capellano.

Proved 15 *Sept.* 1377.

CXXXIII. Testamentum Willi del Banks de Kirkby Stephan.

Reg. vol. 2, folio 296. Trans. vol. 4, p. 334.

In dei nomine Amen. Probatum fuit testamentum Will^i del Banks de parochia de Kyrkby Stephan coram nobis Thom. p...etc. xv die Septembris anno domini MCCCLXXVIJ nuncupative factum die dominico proximo ante festum Sce Katerine anno MCCCLXXVI[1] corpore suo tradito ecclesiastice sepulture et debitis suis persolutis dedit et legavit omnia bona sua Matilde uxori sue et liberis suis. Et ad istud testamentum fideliter faciendum constituit Simonem Keley executorem suum. Hiis testibus Roberto Henryson et Alicia uxore Symonis predicti.

Proved 15 *Sept.* 1377.

CXXXIV. Testamentum Johe de London.

Reg. vol. 2, folio 301. Trans. vol. 4, p. 338.

In dei nomine Amen. Die Veneris proximo ante festum Omnium Sanctorum A^o Dni MCCCLXXVIIJ[2] ego

---

[1] Sunday before November 25, 1376.
[2] Friday before November 2, 1378.

Johanna de London condo testamentum meum in hunc modum. In primis do et lego animam meam deo et beate Marie et omnibus sanctis et corpus meum ad sepeliendum in cimiterio ecclesie Beate Marie de Karl. cum meliori averio meo nomine mortuarii. Item do et lego xvi libras cere ad comburendum circa corpus meum. Item lego pauperibus xiij s. iiij d. ad distribuendum in pane. Item quatuor ordinibus fratrum per equales porciones xiij s. iiij d. Item lego capellano parochiali meo xij d. Item clerico parochiali vi d. Item lumini beate Marie iij s. iiij d. Item lumini Sci Albani iij s. iiij d. Item lego Johanne uxori Will. del Cote i par de bedes argenti cum j monili auri[1]. Item lego Isabelle Marschall i par de bedes de laumber[2]. Item lego Edmundo de Warton x s. Item lego Will. de Carleton xxvj s. viij d. Item lego Johanne uxori Edmundi de Warton pannum pro tunica et capucio de melde cum j velo serico optimo. Item lego Roberto de Rosgill capellano ad celebrandum pro anima mea in capella Sci Albani vij marcas per unum annum. Item filie (*sic*) Johis de Dakers quondam filie[3] (*sic*) Joh. de London ij lectos ij dorclaes ij towels et ij ollias (*sic*) areas (*sic*) et j basyn cum lavacro. Item do et lego duo tenementa in Bochardgate filie dicti Johannis de Dakers que jacent inter tenementa Joh. de Denton ex una parte et tenementa Nich. Alaynson ex altera parte sibi et heredibus suis in perpetuum. Quod si contingat predict. fil. Johis de Dakers sine herede de corpore suo legitime procreato obire tunc volo quod predicta duo tenementa vendantur per executores meos et dentur et (*sic*) celebrandum pro anima mea et animabus Will[i] de London et Willi Sleht. Item do et lego Rico de London unum tenementum in Vico Piscatorum sicut jacet inter tenementum Rob[i] de Strayt ex parte una et tenementum Will[i] de Stirkland ex altera parte dicto Rico et

---

[1] A silver rosary with a brooch or clasp of gold.
[2] An amber rosary.
[3] This should probably be *uxori*.

heredibus suis in perpetuum. Item lego Johanne de London
moniali j capam de panno nigro et lato. Item Ellene filie
Thome de London ij ollas ereas que nobis in vadio
ponebantur. Item Joh. Howeth xxiiij s. Item eidem Joh.
i surcot cum tunica de melled. Item uxori Johis Paytfine
j tunicam de rosett. Item Johi de Halton j tunicam de
eodem panno. Item Margarete uxori Joh. Halden i surchef
cericum[1] et j volett lineum[2] cum capucio. Item uxori
Rob. Barbour i surchef cericum. Item Alicie Otere j tunicam
de blenket. Item Will⁰ Swaene j tunicam cum viij s.
Item Thome de London xl s. pro conjugio Elene filie dicti
Thome. Item lego residuum omnium bonorum meorum
ubicunque existencium executoribus meis ut ipsi disponant
pro anima mea. Et ad istud testamentum meum fideliter
exequendum hos constituo executores meos videlicet Will.
de Carlton juniorem et Ric. de London. Hiis testibus
Thoma de London Joh. Halden et Johanne Paytfine.

CXXXV. Testamentum Dni Hubarti de Knaton Capellani.

Reg. vol. 2, folio 301. Trans. vol. 4, p. 340.

IN dei nomine Amen. Probatum fuit coram nobis
officiali Karli ix die Februarii in ecclesia parochiali de Penreth Anno domini MCCCLXXVII[3] testamentum domini Hubarti de Knaton capellani xxiiij die Novembris[4] nuncupative
factum in hec verba. In primis legavit animam suam deo
et omnibus sanctis et corpus suum ad sepeliendum in
cimiterio ecclesie parochialis de Morland[5] si ibi contigerit
sibi mori vel alibi ubi Deus providerit. Item omnia bona
sua et debita mobilia et immobilia in quibuscunque locis

---

[1] A kerchief or coverchief of silk.
[2] A linen veil.
[3] February 9, 1377/8.
[4] November 28, 1377.
[5] A parish in Westmorland.

aut manibus fuerint inventa dedit et legavit dno Johi del Pray vicario de Morland et Thome clerico ad disponendum pro anima sua de eisdem bonis prout eis aut...videretur expedire et ad execucionem istius ultime voluntatis sue predictos Johem et Thomam constituit executores suos. Presentibus Nicholao Carpenter Dno W. Capellano de Bolton Johe de Tesdale.

CXXXVI. Testamentum Johis Marshall de Karliolo.

Reg. vol. 2, folio 302. Trans. vol. 4, p. 341.

In dei nomine Amen. Ego Johes Marshall de Karlio compos mentis et sane memorie die Martis ante festum Assencionis Dni A° Dni MCCCLXXVIIJ[1] condo testamentum meum in hunc modum. Imprimis do et lego animam meam deo et beate Marie et omnibus sanctis et corpus meum ad sepeliendum in cimiterio ecclesie Sci Cuthberti Karli cum meliori averio et panno nomine mortuarii. Item in lumine circa corpus meum......die sepulture mee quinque libras cere et in distribucione pauperum eodem die xl s. Item altari parochiali in ecclesia predicta pro decimis oblitis vi s. viij d. Item lego decem libras argenti ad emendum unum vestimentum cum apparatu viz. unam casulam cum una alba et amicta et parruris stola et manipula et cum uno panno pendente ante altare uno frontello et duabus mappis et uno panno super altare et duobus ridellis ejusdem secte et volo quod dictum vestimentum cum omni apparatu remaneat altari Sce Marie in ecclesia Sci Cuthberti et volo quod decem libre que assignantur pro empcione dicti vestimenti in manus executorum meorum remaneant ad emendum eundem juxta discretionem eorundem quum...cicius sibi commode videbitur expedire. Et si quid remanserit de predicta summa de-

[1] Tuesday in Rogation Week 1378.

liberetur custodibus luminis Beate Marie predicte. Item
do et lego priori et conventui ecclesie nostre cathedralis
Karli pro pietancia xxvj s. viij d. et fratribus predicatoribus
et minoribus per equales porciones xxvj s. viij d. Item
sorori mee xx s. Item dno Thom. Doget capellano ad
celebrandum pro anima mea in ecclesia Sci Cuthberti
predicta coram cruce per unum annum integrum septem
marcas. Item cuidam de fratribus predicatoribus et minoribus quem prior loci ad hoc eligere voluerit ad celebrandum
pro anima mea per unum annum integrum septem marcas.
Item capellano parochiali ecclesie Sci Cuthberti vi s. viij d.
Item Johi Statore Will⁰ Rider et Thome Doget per equales
porciones x s. Item clerico parochiali xviij d. Item cuilibet capellano venienti ad exequias funeratas (*sic*) xij d.
Item Emme servienti mee vi s. viij d. Item Brand servienti
meo xl d. Item Roberto servienti meo xl d. Item Johi
de Appelby Archidiacono Karl. xx s. et Rico de London
xx s. Item lego Isabelle uxori mee totum tenementum
meum in quo maneo una cum tenemento quondam Henrici
de Malton cum omnibus suis pertinenciis ad terminum vite
dicte Isabelle. Et volo quod eadem tenementa cum suis
pertinenciis post decessum ejusdem Isabelle remaneant
Johanni filio meo et heredibus de corpore suo legitime
procreatis. Et si contingat ipsum sine herede de corpore
suo legitime procreato obire volo quod dicta tenementa
cum omnibus suis pertinenciis Thome fratri ejusdem libero
meo et heredibus suis de corpore legitime procreatis integre
remaneant. Et si idem Thomas sine herede de corpore
suo legitime procreato obierit volo quod omnia tenementa Johanne filie mee et heredibus de corpore suo
legitime procreatis remaneant. Item do et lego dicto
Thome filio meo et heredibus de corpore suo legitime
procreatis omnia tenementa mea cum omnibus suis pertinenciis in venello Sci Cuthberti Karli et volo quod si idem
Thomas sine herede de corpore suo legitime procreato
obierit eadem tenementa in venello Johi fratri suo et

heredibus de corpore suo legitime procreatis remaneant integre cum omnibus pertinenciis suis. Et volo quod si idem Johannes sine herede de corpore suo legitime procreato obierit tunc eadem tenementa cum suis pertinenciis Johe filie mee predicte et heredibus de corpore suo legitime procreatis remaneant. Item do et lego dicte Johanne filie mee totum tenementum in vico Ricardi quod quondam fuit Petri Spicer tenendum eidem Johanne et heredibus de corpore suo legitime procreatis. Et volo quod si eadem Johanna sine herede de corpore suo legitime procreato obierit tunc idem tenementum cum suis pertinenciis Isabelle uxori mee ad totam vitam suam tenendum si supervixerit remaneat. Ita ut post decessum ejusdem Isabelle idem tenementum cum suis pertinenciis Johi filio meo predicto et heredibus de corpore suo legitime procreatis remaneat et si (*sic*) sine herede de corpore suo legitime procreato discedat ex tunc idem tenementum cum suis pertinenciis Thome filio meo et heredibus de corpore legitime procreatis permaneat. Et volo quod si predicti Johes Thomas et Johanna liberi mei sine heredibus de corporibus suis legitime procreatis obierint ut predictum est quod omnia predicta tenementa cum suis pertinenciis ubicunque adjacentia Isabelle uxori mee integraliter si eosdem et heredes suos supervixerit remaneant. Et si eadem Isabella predictos Johem et Thomam et Joham et heredes suos ut predictum est (non?) supervixerit volo quod omnia tenementa predicta illi eorum qui diutissime vixerit remaneant ad disponendum pro animabus nostrum prout sibi melius videbitur expedire. Item do et lego residuum omnium bonorum meorum non legatorum dicte Isabelle uxori mee et liberis meis predictis. Et ad istud testamentum meum fideliter exequendum et implendum hos ordino et facio executores meos videlicet Johem de Appelby Archidiaconum Karli Ricum de London et Isabellam predictam. Hiis testibus dno Thom. del Overend Tho. Doget et aliis.

CXXXVII. Testamentum Rob¹ Goldsmyth de Karl.

Reg. vol. 2, folio 303. Trans. vol. 4, p. 344.

IN dei nomine Amen. Ego Robtus Goldsmyth de Karlio condo testamentum in hunc modum. In primis do et lego animam meam deo et beate Marie et omnibus sanctis et corpus meum ad sepeliendum in cimiterio Beate Marie cum meliori averio meo et meliori panno meo nomine mortuarii. Item lego in cera ad comburendum circa corpus meum die sepulture mee unam petram cere. Item ad distribuendum pauperibus eodem die x s. Item presbytero parochiali xij d. Item clerico parochiali vi d. Item Rico Orfevre unum paltok bloid de defens et unum manubrium de murro. Item Johanni Cardoill unam loricam. It. Joh¹ filio meo et heredi unum bacinet cum j aventaill j par cerotecarum de plate unum paltok de defens ij pesaynes unam securim argentatam et unam (*sic*) ensem trenchant. Item lego Thome Goldsmyth filio meo et Agnete de Bowathy terminos annorum quos habeo in quodam messagio cum gardino in Caldewgate ex dimissione Prioris de Hexlildisham[1] sicut Johannes de Fournes smyth nunc tenet. Item terminos annorum in quadam grangia cum uno tofto que habeo ex dimissione Dni Will. de Yardone capellani. Item eidem Thome medietatem omnium instrumentorum meorum pertinencium ad artem aurifabri cum argento et cutillario. Item lego Alicie sorori ejusdem Thome duo paria de bedes cum fermaculis et anulis pendentibus ejusdem que fuerunt uxoris Will. de Dundrawe. Item eidem Alicie iij s. debitos per Adam Blystblod vel ollam eream et (*obliteration*) que jacent pro eisdem. Item Roberto servienti meo unum bonum novum collobium cum una tunica de eodem colore. Item Rico de Haverington dimidiam eskeppiam ordei et i eskeppiam avene. Item lumini Beate Marie i anulum auri. Item

[1] Hexham.

Joh. Austyn vi s. Item uxori Joh. de Dundrawe unum anulum aureum cum j lapide de saphiro. Item Joh. Dundrawe baslardum meum argenteum. Item fratribus minoribus ij s. Item fratribus predicatoribus ii s. Item Joh. Austyn i par[1] de plate. Item Elene filie mee tres solidatas annui redditus quos habeo in quodam tenemento juxta ecclesiam Sci Albani habendos sibi et heredibus de corpore suo legitime procreatis. Et si dicta Elena sine herede de corpore suo exeunte obierit tunc rectis heredibus meis integro remaneant. Item ponti de Eden interiori[2] dimidiam marcam et ponti de Caldeue xviij d. Item lego presbyteris celebrantibus pro anima mea v s. Item do et lego residuum omnium bonorum meorum non legatorum Margarete uxori mee filiis et filiabus nostris. Et ad istud testamentum fideliter exequendum istos ordino executores meos viz. Margaretam uxorem meam Johem Cardoill et Joh. Austyn. Dat. apud Karlium ultimo die Januarii Anno ij Rici secundi (31 Jan. 1378/9).

Proved, 10 *Feb.* 1378/9.

CXXXVIII. Testamentum Joh[is] del Marche Vicarii de Dalston.

Reg. vol. 2, folio 304. Trans. vol. 4, p. 346.

In dei nomine Amen. Ego Johes del Marche vicarius ecclesie parochialis de Dalston Karli dioscis compos mentis et sane memorie xvi die mensis Maii A° Dn. MCCCLXXVIII condo testamentum meum in hunc modum. In primis do et lego animam meam deo et beate Marie et omnibus sanctis et corpus meum ad sepeliendum in cimiterio ecclesie de Dalston vel alibi ubicunque deus disposuerit cum meliori averio meo nomine mortuarii. Item lego unam vaccam

---

[1] *Cerotecarum* omitted?

[2] The Eden at Carlisle ran in two streams with an island between them and a bridge over each. The stream next to the city was the largest.

cum vitulo lumini beate Marie et Sci Michaelis in ecclesia predicta. Item lego unam vaccam cum vitulo Johae filie Thome de Stirkland. Item unum pullum biennalem Joh¹ filio Joh. de Penreth. Item Joh¹ filio Roberti Blome unam vaccam cum vitulo. Item dimidiam acram avene Tho. dicto Clerc que jacet supra Poporoth. Item Johi filio Thome Sympson unum felystag. Item Hugoni Porterman j colt. Item residuum bonorum meorum non legatorum do et lego Johi de Dalston et Thome de Stirkland ad disponendum de eisdem secundum ordinacionem eorundem quos constituo et ordino executores meos. Hiis testibus Thoma dicto Clerc et Rogero Baynes. In cujus rei testimonium sigillum meum manibus meis propriis presentibus apposui.

Proved, 6 *Feb.* 1378/9.

CXXXIX. Testamentum Rogeri de Salkeld.

Reg. vol. 2, folio 304. Trans. vol. 4, p. 346.

In dei nomine Amen. Ego Rogerus de Salkeld condo testamentum meum in hunc modum. In primis lego animam meam deo et beate Marie et corpus meum ad sepeliendum ubi deo placuerit cum meliori averio meo ibidem invento. Item lego ad ceram ad ardendum circa corpus meum vi s. viii d. et in oblacionibus xl s. Item cuilibet ordini fratrum xiii s. iiij d. Item canonicis Karli xx s. Item monialibus de Ermynthwayt vi s. viij d. Item vi marcas ad celebrandum pro animabus Eudonis Russell et Margarete uxoris sue Alexandri Blaber Ade Russell et omnium defunctorum de quibus habui aliqua bona. Item c s. cuidam presbytero ad celebrandum pro anima mea. Item Robto del Hall iij s. iiij d. Item Rico Bowman vi s. viii d. Hugoni Hardyng xl s. Johi Fecher vi s. viii d. Johi Fabro xl s. Roberto Pistori vi s. viij d. Thome de

Malton xii d. Willo Shirlok xl d. Johi de Canesby vi s. viij d. Willo Cowper ii s. Johi Baty vi s. viij d. Johi Staunehaus xii d. Johi Hyme xii d. Willo Colt vi s. viij d. Thome Pistori xl d. Johi Bryscow ii s. Thome de Wedrall x s. Symon Baty vi s. viij d. (*gap*) xii d. Alicie Vedue xii d. Alicie Rowese xii d. Henrico Petty (*sic*). Item pueris Willi Sutoris vi s. viii d. Johi de Clifton vi s. viij d. Johe Mewros x s. Rog. fil. Robi Carpenter x s. Item lumini beate Marie de Salkeld xiii s. iiij d. Item ponti ibidem vi s. viij d. Item cuilibet servienti meo infra domum tempore mortis ii s. Item duobus filiis Hugonis fratris mei xx s. et Hugoni fratri meo omnia arma mea. Item Margarete filie mee xl s. Item ad distribuendum pauperibus die sepulture mee xl s. Item fratri Thome vi s. viij d. Item uxori mee et Alicie filie mee cameram meam et omnia utensilia domus mee. Item lego medietatem residui omnium bonorum meorum Alicie filie mee et aliam medietatem ad distribuendum pro anima mea secundum discrecionem executorum meorum. Et ad istud testamentum meum fideliter exequendum ordino Willm Bowetham Rectorem de Kirkoswald Hugonem fratrem meum et Johannam uxorem meam executores meos.

Proved 16 *Jan.* 1378/9.

CXL. TESTAMENTUM THOME SPENCER DE KARL.

Reg. vol. 2, folio 305. Trans. vol. 4, p. 347.

IN dei nomine Amen. Ego Thomas Spencer manens infra Portam Bochardi infra civitatem Karli compos mentis et sane memorie die Jovis vidz. xiij die Januarii MCCCLXXVIIJ[1] condo testamentum meum in hunc modum. In primis lego animam meam deo et beate Marie et omnibus sanctis et corpus meum ad sepeliendum in ecclesia

[1] January 13, 1378/9.

Sci Cuthberti Karli vel exterius in cimiterio ejusdem cum meliori averio meo nomine mortuarii. Item lego Matilde de Kokirmuth filie mee unum plumbum cum uno maxfate[1] et j trogh et unam ollam eneam et j urscellum et unum coverlett cum duobus lintheaminis et ij blanketts. Item Agnete servienti mee unam togam viridem. Item Will" servienti meo i double cot de russett. Item Johi Cow j double hode. Item do et lego omnes vestes meas pro corpore meo talliatas et factas prout (non?) superius legatas Roberto de Kokirmuth. Item fratribus predicatoribus Karli xl d. Item fratribus minoribus xl s. Item Matilde filie mee 2 eskepp puri brasei ordei et j cellam cum j par des botez et i par caligarum[2] Roberto de Kokirmuth. Item do Thome del Hall meum cultellum argentatum et dicte Matilde j salinum salsiferum (?). Item do et lego residuum omnium bonorum meorum non legatorum debitis meis persolutis Agnete uxori mee ad disponendum pro anima mea et anima ejus ac animabus omnium fidelium defunctorum prout nobis (*sic*) melius videbitur expedire. Et ad istud testamentum meum fideliter perimplendum et proficiendum Agnetam uxorem meam predictam et Thomam del Hall ordino et constituo executores meos. In cujus rei testimonium hoc presens testamentum meum manu mea propria sigillo meo signavi. Hiis testibus Willo Spencer Thoma filio suo et Matilda filia mea et aliis. Dat. apud Karlium die et anno supradictis.

Proved 24 *Feb.* 1378/9.

---

[1] A lead cistern and a mash tub.

[2] "A saddle with a pair of boots and a pair of hose," probably boots and breeches. *Caliga* is translated "hose" in Wright's Vocabularies, p. 259.

CXLI. TESTAMENTUM THOME CLERK DE ANANDALE.

Reg. vol. 2, folio 315. Trans. vol. 4, p. 356.

IN dei nomine Amen. Probatum etc. die lune proximo post festum Assumpcionis beate Marie An. Dni MCCCLXXIX[1] testamentum Thome Clerk de Anandale nuncupative factum in hæc verba.

In primis legavit animam suam deo et beate Marie et omnibus sanctis et corpus suum ad sepeliendum in ecclesia fratrum minorum Karli. Item dedit et legavit tenementum suum in civitate Karli sicut jacet inter tenementum Rici de Loundon ex una parte et tenementum quod Joh. de Dalton tenet de Dno Dacre ex altera parte Isabelle uxori sue heredibus et assignatis suis tenendum et habendum de capitali domino per servicia inde debita et consueta. Item dedit et legavit omnia alia bona sua ubicunque existentia Isabelle uxori sue predicte ad solvenda debita sua et ad faciendum et disponendum juxta discrecionem et voluntatem ejusdem Isabelle et executores suos constituit et ordinavit W. Henryson de Valle Anand et Joh. Bott. Hiis testibus Ricardo capellano de Selurgh et Joh. Clerk de Edenhall.

Proved 1379.

CXLII. TESTAMENTUM VICARII DE CROSSEBY.

Reg. vol. 2, folio 320. Trans. vol. 4, p. 359.

IN nomine sancte et individue Trinitatis patris et filii et spiritus sancti. Ego Johes de Crosseby capellanus sciens me ob debilitatem diu moram non posse trahere super terram hinc est quod die lune iiij Kal. Novembris An. dni MCCCLXXIX[2] de bonis michi a deo collatis testamentarie

---

[1] Monday after August 15, 1379.
[2] October 29, 1379.

disponere volo cum effectu. In primis lego animam meam deo et beate Marie et omnibus sanctis et corpus meum ad sepeliendum inter fratres predicatores Karli. Item lego in cera duas petras et dimidiam ad comburendum circa corpus meum in ecclesia dictorum fratrum. Item lego dictis fratribus predicatoribus j eskepp ordei et j eskepp avene. Item lego fratribus minoribus Karli dimidiam eskepp ordei et dimidiam eskepp avene. Item do et lego duos boves ad celebrandum pro anima mea iiij tricennalia. Item lego Hugoni filio Roberti duas vaccas. Item eidem Hugoni et Emme filie sue j vaccam et j bovellam. Item do et lego Thome Sparow j cultere cum uno vomere cum jugis et temes[1]. Et si quid fuerit residuum de bonis meis do et lego Rico de Histon quem quidem Ricum ordino et constituo meum executorem.

Proved, St Thomas' Day, 21 *Dec.* 1379.

CXLIII. TESTAMENTUM ROB[I] DE BYX[2].

Reg. vol. 2, folio 323. Trans. vol. 4, p. 361.

IN dei nomine Amen. Ego Robertus de Byx clericus Karl. dioc. Oxoniensis tamen compos et sane mentis licet adversa corporis valetudine prepeditus xx° die mensis Marcii A° Dni MCCCLXXIX[3] condo testamentum meum in hunc modum. In primis lego animam meam deo et beate Marie et omnibus sanctis et corpus meum ad sepeliendum in porticu Beati Petri in Oriente[4] cum una marca ad repara-

---

[1] Coulter, ploughshare, yokes and pole.
[2] Sir Robert de Byx was rector of Wardley in the diocese of Lincoln, a preferment which he exchanged for the vicarage of Torpenhow in Cumberland in the year 1371.
[3] March 20, 1379/80.
[4] The Church of St Peter in the East, Oxford, so named, as being at the east side of the city. Queen's College, the college founded by Robert de Eglesfield, for Cumberland and Westmorland scholars, adjoins the Church.

cionem ejusdem si me contingat ibidem sepeliri. Item in cera circa corpus meum in Dirige et exequiis xij libras et dimidiam in decem candelis. Item xx s. in oblacione et inter quatuor capellanos servientes in ecclesia predicta cum reliqua porcione que superest in denariis vel obolis pro anima mea in die funeris mei distribuenda. Item quatuor ordinibus fratrum cuilibet ordini vi s. viij d. Item Fratri Stephano vi s. viij d. Item in comitiva[1] Collegii in die funeris mei in expensis xiij s. iiij d. Item mancipio[2] ij s. vj d. pro servicio suo. Item coquo pro servicio suo xviij d. et paigetto in coquina[3] vj d. Item pueris commorantibus in Aula Regine[4] dicentibus psalterium pro anima mea cuilibet iiij d. Item volo de pannis meis omnibus et quibuscunque in Oxon. existentibus preterquam legatis Will⁰ Rudde Nich⁰ de Skelton et Dno Will. de Kirkbride capellano quod vendantur pro sustentacione Will. de Byx per discretionem Fratris Will. de Penreth Bacallarii in Teologia Dni Tho. de Stegith et Joh. de Penreth. Item lego Fratri Will. de Penreth grisium mantellum et novum par lintheaminum et totum residuum de Bangwers et Qwyssyngs que sunt rubia in numero duodenario. Item Dno Tho. de Stegill rubium mantellum. Item Thome de Skelton nigram zonam meam cum baslardo quodam suo. Item quatuor curtinas cum uno ciluro pro ornamentis altari meo in ecclesia mea. Item lego ad summum altare in ecclesia de Torpenhowe unum mappale cum manutergio et duobus altaribus ejusdem ecclesie consimilem mappam cum manutergio consimili in cista cum Dno Officiali cujus clavem habet Rob. Byx et ad navis ornamentum ecclesie mee do et lego unum pannum laneum rubium cum trewloves[5] emptum in Novo Castro

---

[1] The common room.
[2] To the college manciple.
[3] The kitchen boy, still an official at Queen's College.
[4] The undergraduates: the "men," we should call them to-day!—a groat apiece!!
[5] Embroidered with true lovers' knots, the Bouchier Knots of heraldry.

super Tynam cum Banquers quotquot sunt ejusdem coloris. Item lego Will⁰ Byx puero et Will. Rudde lectum meum in quo jaceo sicut jacet. Item lego Johi de Penreth unam peciam de blodeo de Banquers. Item magistro Ade de Crosseby Rectori de Bolton unam pelvim cum lavacro habeantque rectores de Bownes et Bolton Clemens de Skelton Joh. de Crofton quatuor duodena de vasis stangneis[1] quorum tria duodena sunt in cista cum Mag⁰ Will⁰ de Bownes inter ipsum (*sic*) Clementem et Johanem predictos equaliter dividenda et quartum duodenum quod est apud Torpenhowe cum Ricardo Cokks in custodia habeat Rector de Bownes volens nichilominus quod Ricardus Cokks habeat antiqua stagnea vasa que supersunt. Item lego Officiali unam aliam pelvim cum lavacro. Item unum pannum lineum steyned cum sex dawters habeat Officialis. Item lego unam mappam cum manutergio Officiali. Item aliam mappam cum manutergio Rectori de Bolton. Item lego Officiali novum apparatum rubium pro una cella. Item lego Officiali meliorem lectum quem ipse eligere voluerit. Item lego Dno Thome de Stegill unum par lintheaminum. Item Johi de Morton unam curtinam cum dimidio ciluro. Item lego Collegio Aule Regine Oxon. duodecim cochlearia argentea ut serviant cotidie in Aula. Item Rob. de Skelton sex cochlearia ejusdem secte. Item Librarie Beate Marie Karl. duos libros viz. unum par Clementinarum et unum par Decretalium quos habet Dominus Officialis sua custodia. Item do et lego ad ecclesiam primam (*sic*) unam ollam eream. Item lego Dno Johi Swan Portiforium meum. Item Ric⁰ Cokks veterata (*sic*) ornamenta Aule mee. Item Will⁰ de Byx Ric. Coks Johi de Byx Rob. de Byx iiij lectos ita quod Will. de Byx eligat post Officialem et quod habeat duo lynthiamina cum duobus blankettes meliora post Officialem. Item do et lego Willo de Byx si contingat eum morari in Anglia omnia averia mea in Le Westward

---

[1] *Stangneus, stanneus,* of *stannum,* pewter.

preter nigrum jumentum quod emi de Rob. de Byx quod rehabeat et si non contingat ipsum morari in Anglia volo quod illa averia tradantur Rico Cokks et sorori mee. Item do et lego Ade Jonson unum bovem in manu sua propria. Item Johi de Byx duos boves qui sunt in manu sua. Item lego dno Willo de Wandethwayt quinquaginta solidos ad celebrandum pro anima mea. Item dno Stephano tantum ad celebrandum pro anima mea uterque per dimidium annum in ecclesia mea de Torpenhowe predicta. Item quatuor ordinibus fratrum in dioc. Karli quadraginta solidos cuilibet ordini x s. Residuum vero omnium bonorum meorum ubicunque inventorum do et lego executoribus meis Fratri Will. de Penreth Bacallario in Teologia Magistro Will⁰ de Bownes Officiali Karl. Johi de Penreth Rectori ecclesie de Kirkland Dno Tho. de Stegill canonico Dno Will. de Wandethwayt capellano et Ricardo Koke ad disponendum pro anima mea et ad meam ultimam voluntatem fideliter adimplendam sicut coram Deo de tali residuo duxerint disponendum. Hiis testibus Joh. de Morton Will. Rude et Rob. de Collerdowse clericis. Dat. Oxon. die mense et anno supradictis.

Proved at Oxford before Henry Fowler, official of the Chancellor of the University, 30 *March*, 1380, in church V. M.

CXLIV. TESTAMENTUM RICI DE BRYSSEBY.

Reg. vol. 2, folio 325. Trans. vol. 4, p. 365.

IN dei nomine Amen. Ricardus de Brysseby die Lune post festum solempnitatis Corporis Xpi A⁰ Dn¹ MCCCLXXX[1] condidit testamentum suum in hunc modum. In primis dedit et legavit animam suam deo et beate Marie et omnibus sanctis et corpus suum ad sepeliendum in cimiterio

[1] Monday following the Thursday after Trinity Sunday 1380.

Sowreby cum meliori averio suo nomine mortuarii. Item dedit et legavit Alicie filie Edmundi et Johi filio ejusdem quatuor vaccas et quatuor boves xij oves et dimidietatem omnium bladorum suorum decrescencium (*sic*) in campis de Sowreby. Item Alicie filie Joh. Bell de Seburgham ij boves et ij juvencas. Item Will" de Docwra unam vaccam. Item Alicie filie Willi de Hoyrys unum boviculum. Item Johi Slaywight (*sic*) unum bovem et Nicholao de Brysseby unum bovem. Item Emme uxori Radulphi Smyth unum bovem. Item Will. de Slaywright (*sic*) et Joh. fratri ejus duos boviculos per equales porciones. Item Alicie filie Joh. de Bowaldeth unum boviculum. Item Johanne relicte Will. Baron unum bovem. Item ponti del Howath ultra Caldew[1] xx s. Et residuum omnium bonorum suorum non legatorum debitis suis solutis exccutoribus suis ad disponendum pro anima sua. Et ad istud testamentum suum fideliter exequendum ordinavit et constituit Joh. Bell Nicholaum de Brysseby et Willm Slaywryght (*sic*) exccutores suos. Hiis testibus Johanne Bell et Joh. Slaywryght (*sic*).

Proved at Rose, 10 *June*, 1380.

CXLV. Testamentum Willi de Stapilton.

Reg. vol. 2, folio 325. Trans. vol. 4, p. 366.

EN le nome de Dieu Amen. Jeo William de Stapilton dyvise e fet mon testament en la forme et en maniere qe ensute. En prims mon alme a Dieu mon corps destre enterre en la cemetiere de la eglise de Edenhall si jeo deni en la eveche de Kardoill ou dens un journe prochayne donante mortuariis a les egleses ou ils sount duez de reson. Mes jeo voille qe nulle armes soyent offeres ne demises al eglese. E jeo ne voille qe nulle affere soit fait en nulle manere en

---

[1] How Wath, probably a bridge now called Wath at Caldbeck Town End.

tour la sepulture de mon corps mes tan soulement viant[1] en passan de maner pur eux qi volont nover[2] sanse prier de prier pur la alme sibien les povres come les autres. E jeo voille avere xv livers de sire[3] des queux je voil qe v livers soient faite en v chawndels e qe a (*sic*) ceux soyent ars a la Derige et devant la mese de la enterement e les x livers de sire soient fete en v chawyndell pur la haute mese. Et jeo voyl povres eit un dener le jour de sepulture e qe ceo soit fete lendymayne ou au plus longe la secunde jour qe jeo murge. Et jeo voil qe le corps de la eglese[4] de Edenhall soit amende a mon costage en tele mannere qil aytt iiii ou v balkes[5] si il bossoyne et ij Wyninys[6] lun devere le Souyt et lautre vere le North e northside coverer (*sic*) de spune e qe le chochere[7] soit a mes costages en maner come il ad este divise par le Vicar et moi et qe iiii les ordes de Freres ayont iiii livers et iiij eskep de furment e viii de orge par ouels porcions. Quant a mes biens ils possont estre venduz et qe Lawrence eit sie demure en vie un hakney bay geldyng et xl s. Et Denies Drases un gonne de russet de Londrese e autres tayles com accordent pur luy e sil se porte bien en ayde a ma feme e a mes executors en ceo qil poet bonement je voil qil ait le secund anne autres xl s. et le tiers anne ij marcs. Jeo donc ma benison et le haubarjonne qe jeo avayde Richard de Brysby e le basynete darrayn fet e mon court espe e un payr des gayntes de plate e un targete e mon graunt sautre de argent a William mon fil. Et a Johi mon fil ma benison et le haubargonne qe mon (pere?) moi dona e la basinete en quel jeo fu arme si il soit venant tanque al age de xviii annz. Et jeo don a

---

[1] tant soulement viande?
[2] venir?
[3] cire.
[4] The nave of the church.
[5] Balkers, great beams, see Halliwell, or possibly buttresses.
[6] Wyninys?
[7] Qu. clocher, bell tower?

Roulande Vaus la basinete qil ad en sa garde un jacmon brestplate un par des gayntes de plate a Johi de Dalston[1].

Cetera desunt.

CXLVI. TESTAMENTUM JOHANNIS DE DUNDRAWE[2].

Reg. vol. 2, folio 326. Trans. vol. 4, p. 368.

EGO Joh. de Dundrawe de Karliolo compos mentis et sane memorie die Lune prox. ante festum Beate Marie Magdalene A° Dn^i MCCCLXXX[3] condo testamentum meum in hunc modum. In primis do et lego animam meam etc. (*sic*) et corpus meum (*sic*) in ecclesia fratrum minorum Karl. et ecclesie parochiali mee viz. Sci Cuthberti Karl. meum melius averium nomine mortuarii. Item lego in cera ad comburendum circa corpus meum die sepulture mee unam petram cere. Item lego ad distribuendum pauperibus iiij marcas. Item ad solvendum expensas meas funeratorias et pro convocacione amicorum die sepulture iiij libras argenti et cuilibet capellano venienti ad exequias meas xij d. Item duobus capellanis viz. de Fratribus Minoribus Karl. per unum annum aut uni per duos annos ad celebrandum pro anima mea et animabus omnium fidelium defunctorum in ecclesia Fratrum minorum ad altare Domine[4] xv marcas. Item Fratribus predicatoribus Karl. vi s. viij d. Item capellano parochiali ecclesie Sci Cuthberti xl d. Item Dno Joh. Stracore capellano xl d. Item clerico

---

[1] Dr Sheppard in a manuscript note to his transcript says: "It is certain that neither the author nor the copyist of this will had more than a rudimentary knowledge of the French of the period. I have made a few suggestions and corrections, but in some cases they are mere guesses. The misspellings and bad grammar must be set down to the account of the author."

[2] This will is followed by the will of the testator's wife, evidently drawn in concert, as the limitations of the real property show. They are made almost at the same date, that of the wife being a day or two the later.

[3] Monday before July 22, 1380.

[4] Our Lady's altar.

parochiali ejusdem ecclesie xij d. Item Lumini Beate Marie in ecclesia Beati Cuthberti x s. Item fabrice ecclesie Beate Marie Karl. vi s. viii d. Item clericis de choro ejusdem ii s. Item Alicie sorori mee xx s. Item Joh. de Dundrawe consanguineo meo et executori meo ea causa quod ipse bene et fideliter auxilietur ut istud testamentum meum et meum ultimum velle perficiantur et perimpleantur xx s. Item Johi Austyn eadem condicione xx s. Item Will. de Dundrawe consanguineo meo xx s. et meum optimum akton cum uno bacinetto armato. Item Waltero consanguineo meo xx s. et unum par de plates cum uno bacinetto armato. Item Agnete uxori Nich. Mariman xiii s. iiij d. Item Joh. filio Roberti Aurifabri xx s. Item ponti de Petrell juxta Herriby[1] et Ponti de Boghardby vi s. viii d. equaliter inter eos dividendos. Item Magote Graye servienti mee vi s. viii d. Item ponti de Salkeld vi s. viij d. Item fratribus de Penreth vi s. viij d. Item fratribus minoribus de Richmond vi s. viii d. Item Emme quondam uxori Joh. de Hornby x s. Item Domino Gilberto Grute Capellano xl d. Item ponti de Eden x s. Item lego ad distribuendum diversis pueris per me baptizatis x s. Item Margote filie Joh. Austyn xx s. Item Elene filie Rob. Aurifabri xx s. Item Dno Thome Doget Capellano xiij s. iiij d. Item duobus capellanis preter predictos fratres ad celebrandum pro anima mea et animabus omnium fidelium defunctorum in ecclesia beati Cuthberti Karli per unum annum aut uni per duos annos xiij marcas. Item fratribus minoribus Karli ad celebrandum pro anima mea die sepulture mee et pro obitu meo faciendo xvij s. iiij d. Item volo quod dns Thomas Doget celebret pro me per unum annum ad altare beate Marie in ecclesia sancti Cuthberti Karli et quod ipse habeat pro salario suo vij marcas de xiii marcis proxime nominatis. Item Willo de Kyrkeby xx s. Item

---

[1] Harraby and Botcherby bridges, both over the Petterill, one to the south, the other to the east of Carlisle.

Willo de Dundrawe et heredibus suis totum illud tenementum in quo manet tenendum et habendum libere de capitalibus dominis feodi per servicia inde debita imperpetuum. Item dno Johi de Galway capellano vi s. viii d. et unam libram cumini de eodem tenemento annuatim percipiendam. Item Johi filio Rob. Goldsmyth et heredibus suis tenementum meum super le Bakster rawe[1] tenendum et habendum libere de capitalibus dominis feodi per servicia inde debita imperpetuum. Item Richardo Orfeur xx s. Item Johi Kardoile xx s. Item fratribus minoribus Karli unum lavacrum et unum ciphum murrinum. Item Johi Austyne totum tenementum in quo maneo in Bochardgate[2] tenendum et habendum sibi et heredibus suis masculis de corpore suo legitime procreatis libere de capitali domino feodi illius per servicia inde debita et de jure consueta. Et si sine herede masculo ut predictum obierit tunc volo quod remaneat Margarete Goldsmyth et heredibus masculis de corpore suo legitime procreatis. Et si eadem Margareta sine herede masculo ut predictum est obierit tunc volo quod idem tenementum cum suis pertinenciis heredibus femininis Johannis Austyne legitime procreatis remaneat tenendum et habendum ut predictum. Et si idem Johannes Austyne sine herede obierit ut prefatum est volo quod tunc idem tenementum cum suis pertinenciis prefate Margarete et heredibus femininis ipsius Margarete integre remaneat tenendum et habendum libere de capitalibus dominis feodi ut predictum est. Et si eadem Margareta sine herede obierit volo quod idem tenementum cum suis pertinenciis rectis heredibus Johanne uxoris mee remaneat imperpetuum tenendum de capitalibus dominis feodi ut...est.... Et do et lego residuum omne bonorum meorum subsignatis ad disponendum pro anima mea et anima uxoris mee et animabus omnium fidelium defunctorum prout sibi melius

[1] Baxter's Row is in the Market Place at Carlisle, near the Town Hall.
[2] Botchardgate is the present English Street, formerly known as Botchergate within, i.e., within the City of Carlisle.

videbitur expedire. Et ad istud testamentum fideliter exequendum hos ordino facio et constituo executores Joh. de Dundraw consanguineum meum predictum Johem Austyn Johannam uxorem meam Ricardum Orfeur Johanem Kardell Dominos Thomam de Overende et Thomam Doget Capellanos. Testibus dno Willo Vicario de Staynwykys Will. de Dundraw et Will. de Glentona.

CXLVII. TESTAMENTUM JOHANNE UXORIS EJUSDEM JOHANNIS[1].

Reg. vol. 2, folio 327. Trans. vol. 4, p. 370.

EGO Johanna uxor Johannis de Dundrawe xx^{mo} die Julii A. Dni MCCCLXXX^{mo} condo testamentum meum in hunc modum. In primis do et lego animam etc. et corpus meum ad sepeliendum in ecclesia Fratrum Minorum Karl. et ecclesie mee parochiali mortuarium de consuetudine sibi debitum. Item in cera unam petram cere. Item in distribucione pauperum xl s. Et ad expensas funeraticias iiii marcas. Item cuilibet executori ministranti vi s. viii d. Item capellano parochiali meo xl d. Item clerico parochiali meo ii s. Item fratribus Minoribus Karli xx s. Item fratribus Predicatoribus Karli vi s. viij d. Item priori et conventui de Lanercoste ad pietanciam xiii s. iiij d. Item Willo Henrison canonico vi s. viij d. Item cuilibet capellano venienti ad exequias meas xij d. Item uni fratri minori ad celebrandum pro anima mea per unum annum iiij libras. Item tribus pontibus de Eden Caldew et Petrell vi s. Item Lumini Beate Marie in ecclesia Sci Cuthberti Karl. vi s. viij d. Item priori et conventui Karli pro pietancia xx s. Item Matilde de Boyse j Kirtill cum capucio de murre. Item uxori Joh. Austyne unum Kirtill et curtibus (*sic*) cum

---

[1] See the last will, which is that of the husband of the testatrix.

capucio rubro et j Kirtill de melle Margerie filie sue j switely[1] (*sic*) cum capucio rubro et j Kirtill de melle. Item Margarete Graye vi s. viij d. Item Elene Stacy j cote de violett. Item Alicie servienti Will. del Sandy j cote de murre. Item Emme de Tyby j cote nigrum. Item Margarete Goldsmyth iij petras lane omnes meos coverchiffis unum siphum iiij marcarum vij vaccas et ij eskepp brasii puri et j eskepp brasii avene ii lectos iij ollas eneas unam parvulam ollam eneam unum plumbum unam vaccam vocatam "Coll" duas mappas duo manutergia et terminos quos habeo in quodam loco juxta Karl. vocato Paradyse[2]. Item Margarete Prestmanwyff unum Kirtill album cum capucio et duo voletts. Item Pame Fleshewer unum capucium de melle et duo volettis et longum collobium. Item Margere de Byrkynside unum anulum auri. Item Imagini Beate Marie in ecclesia Karl. unam zonam argentatam. Item Rico Orfeour vi s. viij d. Item do et lego Joh. Austyn totum tenementum meum in quo maneo in Bogchardgate[3] tenendum et habendum sibi et heredibus masculis de corpore suo legitime procreatis libere de capitalibus dominis feodi illius per servicia inde debita et de jure consueta. Et si sine herede masculo obierit tunc quod maneat Margarete Goldsmyth et heredibus masculis et si eadem Margareta sine herede masculo ut predictum est obierit tunc volo quod heredibus femininis Joh. Austyne legitime procreatis remaneat tenendum et habendum ut predictum est. Et si ⁴eadem Margareta⁴, idem Joh. Austyn sine herede obierit ut prefatum est volo tunc quod idem tenementum cum suis pertinenciis prefate Margarete et heredibus femininis ipsius Margarete remaneat tenendum et habendum libere et quiete de capitalibus dominis ut predictum est. Et si

---

[1] ? curteby.
[2] There is now a Paradise Row and a Paradise Terrace at Edentown, Stanwix near Carlisle.
[3] English Street, Carlisle, formerly Botchergate within.
[4] Underlined to show it is an error.

eadem Margareta sine herede obierit ut predictum est tunc volo quod idem tenementum cum suis pertinenciis rectis heredibus meis remaneat imperpetuum tenendum de capitalibus dominis feodi illius ut predictum est imperpetuum. Item Ade Parvyng juniori xxviii s. Item Matilde filie Rici Waren vi s. viij d. Item Sissote uxori Johis de Spence vi s. viij d. Item Johanne Goldsmyth unam marcam. Item Margerie Austyne unam marcam. Item Elene Goldsmyth dimidiam marcam. Item Magote Austyne dimidiam marcam. Item Magote Gonson xl d. Item Johi Austyne vij saccas iij eskepp brasii ordei et j eskepp brasii avene iij vel iiij lectos duas ollas eneas j cistam j plumbum duas mappas et duo manutergia. Item Emme de Tyby dimidiam eskepp frumenti j possenet et j pan j eskepp carbonis et dimidiam petram lane. Item Joh. Kardoll dimidiam marcam. Item Dno Thome predicto dimidiam marcam. Item Alicie servienti Will. del Sandys vi s. viij d. Item Joh. Jakson de Brunthnaye dimidiam marcam. Item Johi Austyne et Margarete Goldsmyth omnia vasa mea vocata "brewing vessale" equaliter inter eos dividenda ita quod Johannes habeat majora. Item do et lego residuum omnium bonorum meorum executoribus meis ad disponendum pro anima mea et anima viri mei ubi melius videbitur expedire. Et Johem Austyn Johem Kardell et dominum Th. Doget capellanum ordino executores meos. Testibus Johanna del Sandys Marjoria de Byrkynside Johanna Tayliour.

CXLVIII. TESTAMENTUM DOMINI ROBERTI PAY RECTORIS DE THORSBY.

Reg. vol. 2, folio 328. Trans. vol. 4, p. 373.

EGO Robertus persona de Thorsby die lune vi die mensis Augusti A° Dn^i MCCCLXXX condo testamentum meum in hunc modum. In primis do et lego animam meam deo et beate Marie et omnibus sanctis et corpus meum ad sepeliendum ubi deo placuerit. Item lego vi libras cere ad comburendum in v cereis circa corpus meum. Item ad distribuendum pauperibus eodem die j marcam. Item cuilibet presbitero venienti ad exequias meas xij d. Item fratribus predicatoribus et minoribus Augustinensibus et Carmelitis equis porcionibus dimidiam eskepp ordei et dimidiam avene. Item lego ad distribuendum pauperibus parochianis meis secundum administrationem et dispositionem executorum meorum v eskepps farine avene. Item lego...de Layland viij eskepps farine avene. Item domino Ricardo de Bolton j portiforium qui apud Skypton est. Item uni presbitero ad celebrandum pro anima mea in ecclesia de Thoresby per unum annum c s. Item Rob. filio Will. Clerk xl s. Item Will. Clerk v marcas. Item Rob. Allale iiij eskepp farine avene. Item Margarete Allale iij eskepp farine avene et residuum omnium bonorum meorum do et lego executoribus meis Johi de Crofton Dnis Thome de Lowther et Joh. de Kirkanders capellanis et Will. Clerk. Testibus dno Rico de Bolton Rob. de Crofton Johe Layland et aliis.

CXLIX. TESTAMENTUM WILL. DEL SCHAMB(LES) RECTORIS DE AYKETON NUNCUPATIVE FACTUM.

Reg. vol. 2, folio 329. Trans. vol. 4, p. 373.

IN dei nomine Amen. Will. Rector ecclesie parochialis de Ayketon die Lune proximo ante festum Beati Laurencii Ao Dni MCCCLXXX[1] condidit testamentum suum in hunc modum. Legavit animam suam deo et beate Marie et omnibus sanctis et corpus ad sepeliendum in coro ecclesie predicte. Item legavit lumini beate Marie j sur-

[1] Monday after August 10, 1380.

cote. Item domino Rico capellano de Thorsby j portiforium. Item Dno Thome Rectori de Bampton unum par de Quernnys. Item Thome de Clyfton unum rubium equum. Item Joh. del Wellys unum stot etatis trium annorum. Item Nicholao unam vaccam cum collobio de Russetto et unam ollam eneam. Item Agnete filie sororis sue unum coverlyte cum uno pare lintheaminum et j blanket et j ollam eneam cum uno patello unum ventilabrum unum saccum et dimidiam partem unius vacce. Item Joh. servienti suo unam vaccam cum vitulo et j juvencum cum uno lecto et j ollam eneam cum cacebo (*sic*). Item Katerine servienti sue dimidiam partem unius juvence. Item Mariote servienti sue unum collobium viride et unum gredell. Et Joh. Willyson de la Dowhyll et Will. Atkinson ordinavit executores suos. Testibus Dno Thoma Rectore de Bampton Dno Rico Capellano de Thorsby.

CL. Testamentum Johannis Vicarii de Aynstaplyth[1].

Reg. vol. 2, folio 329. Trans. vol. 4, p. 374.

In dei nomine Amen. Johannes vicarius ecclesie parochialis de Aynstapelyth die Mercurii post translacionem Sci Cuthberti Ao Dni MCCCLXXX[2] condidit testamentum suum in hunc modum. In primis legavit animam suam deo et beate Marie et omnibus sanctis et corpus suum ad sepeliendum in cimiterio ecclesie de Aynstaplyth. Item in oblacionibus xviij d. Item in convocatione vicinorum suorum xxvi s. viij d. Et Joh. de Wyndschale et Joh. filium ejus constituit executores suos. Testibus Joh. fil. Will. de Hayton et Margareta uxore Joh. Person.

[1] Ainstable in Cumberland.
[2] Wednesday after September 4, 1380.

CLI. TESTAMENTUM THOME DE SANDFORTH.

Reg. vol. 2, folio 329. Trans. vol. 4, p. 375.

EGO Thomas de Sandeforth compos mentis et sane memorie in festo decollationis Sci Johannis Baptiste Ao Dni MCCCLXXX[1] condo testamentum meum in hunc modum. In primis lego animam meam deo et beate Marie et omnibus sanctis et corpus meum ad sepeliendum in ecclesia Sce Colombe[2]. Item lego ad expendendum circa sepulturam meam c s. Item lego ad distribuendum pauperibus c s. Item fratribus Carmelitis de Appilby xx s. Item fratribus de Penreth xx s. Item fratribus minoribus Karli xiii s. iiij d. Item fratribus Predicatoribus Karli xiij s. iiij d. Item ad emendandum pontem de Warthcopp xiij s. iiij d. et pontem de Sowreby xiij s. iiij d. et pontem de Salkeld xiij s. iiij d. et pontem inter Tybay et Routhwayt xiii s. iiij d. Item vicario de Warthcopp pro decimis oblitis xx s. Item lego Will. de Sandeforth persone de Markm^{ti}(?) aquarium meum cujus corpus fit de uno lapide vocato "Beryle" et residuum de argento et de aurato. Item filio meo armaturam meam quamdam peciam argenti vocatam Boll quam fieri feci cum coopertorio et quemdam siphum cujus corpus fit de uno ovo vocato "Grypeks" residuum de argento cum coopertorio unum de melioribus maseris meis vj cochlearia de melioribus et primarium parvum[3]. Et uxori filii mei predicti alium primarium. Item Alicie Birde xl s. Item Isabelle de Newby xx s. et Johanne sorori sue xx s. Item Davidi filio Johis Watson vi s. viij d. Item Will. de Thornburgh xl s. Item sorori mee x marcas. Item Will. Birde

---

[1] August 29, 1380. The Sandfords of Sandford, Askham and Howgill were a wealthy and powerful family in Westmorland. Thomas de Sandford was knight of the shire, *tempore* Edw. III.

[2] Of Warcop in Westmorland, in which parish Sandford was a manor.

[3] *Primarium*, a primer, a small prayer book.

v marcas. Item cuilibet Capellano celebranti infra Wardam de Westmorland ii s. Item Isabelle filie Henrici de Warcopp junioris maritagium Henrici de Warcopp fratris sui si ambo vivant quousque idem Henricus maritetur vel quod maritagium ejus alicui vendatur. Item condono Thome Skayffe iij libras quas sibi accomodavi. Item de iij libris quas Prior et Conventus Beate Marie Karli michi debent de prestito et de iiij libris quas michi debent de feodo meo condono eis iiij libras. Item lego ad distribuendum inter mediocres tenentes meos et alios xx marcas secundum dispositionem executorum meorum. Item medietatem lane mee ad distribuendum inter mediocres de parentalia mea et alios maxime indigentes. Item lego capellanis ad celebrandum pro anima mea et patris mei et matris mee Willelmi fratris mei et uxorum mearum et animabus omnium fidelium defunctorum xl libras. Et volo quod quilibet capellanus oneretur quod quolibet anno pro me celebret unum trentale ad festa ad que debent celebrari. Item pro xxx trentalibus celebrandis post mortem meam cum tota festinacione qua commode fieri poterint c s. Item novo ponti in Kirkeby Kendale xiij s. iiii d. Item de x solidis quos Joh. del Bank de Blaterne michi debet condono vi s. viij d. Item Roberto filio meo meum par de Bedys de curall[1] cum fermaculo aurio (*sic*) in quo stant iiij curalli. Item Marie uxori mee carectam meam et omnia utensilia domus que habeo infra mansionem meam infra civitatem Karl. Item uxori mee cultellum cum pertinenciis. Item Will. de Sandforth persone de Markm[ti] unum anulum cum uno lapide vocato saphir et est lapis veritatis et unum cyphum argenteum cum coopertorio quem emi de executoribus Roberti Tylieff. Item Roberto filio meo longum cultellum meum et omnes libros meos. Residuum vero omnium bonorum meorum debitis solutis do et lego Marie uxori mee et Roberto filio meo

[1] A rosary of coral.

inter eos fideliter dividendum. Et ad istud testamentum fideliter exequendum Robertum de Ormysheved et Will. de Thornburgh constituo executores meos.

CLII. Testamentum Will. de Arthureth vicarii de Aspatryk.

Reg. vol. 2, folio 330. Trans. vol. 4, p. 377.

In dei nomine Amen. Primo die Sep. Ao Dni MCCCLXXX Will. de Arthuret Vicarius de Aspatryk condidit testamentum suum in hunc modum. In primis legavit animam deo et beate Marie et omnibus sanctis et corpus suum ad sepeliendum in cimiterio de Aspatryk. Item legavit Johanne Walas iiij boves iiij bovellas et vi cochlearia argentea et unum ciphum de murro. Item legavit Gilberto filio Mariote de Sostele centum solidos argenti et vi cochlearia argentea. Item legavit Thome Walas xx s. et unum equum album. Item legavit Dno Joh. de Arthureth cognato suo unum portiforium unum lectum iiij marcas argenti et omnia vasa sua stangnea (sic). Item Johanne filie Johis Bonescharlet j juvencam et ij ollas eneas. Item Thome filio dicti Joh. Bonescharlet j equum graye et j marcam argenti. Item Ade Walas j bovem j vaccam et de vestibus suis. Item legavit pro celebracione missarum xx s. Item fratribus predicatoribus et minoribus Karl. ij vaccas. Item Ade Hird xij d. Item Joh. Tabard xij d. Item Ade Hamlyn xij d. Item Joh. Alanson xij d. Item Joh. filio Ibote viij s. Item Joh. filio Alicie de Brantyngham j equum album et j marc. Et residuum bonorum suorum debitis prius solutis legavit Johanne Walas Gilberto filio Marie de Sostele et Dno Joh. de Arthureth cognato suo. Et dictos Dnos Joh. et Johannem Walas et Joh. Boneskarlet constituit executores suos coram testibus.

CLIII. TESTAMENTUM THOME DE KARLTON RECTORIS DE KASTEL KAYROC.

Reg. vol. 2, folio 331. Trans. vol. 4, p. 378.

IN dei nomine Amen. Thomas de Karlton Rector de Kastel Kayrok condidit testamentum suum die Sabbati ante festum translacionis Sci Cuthberti A° Dn^i MCCCLXXX[1] in hunc modum. In primis legavit animam suam deo et beate Marie et omnibus sanctis et corpus suum ad sepeliendum in cancella de Kastel Kayroc. Item legavit Johi fratri suo iij boves et iij vaccas et x bidentes decem agnos et j equum. Item Esote et filie sue Matilde ij vaccas et viij petras lane. Item Johi Raynaldson ij boves. Item uxori Patricii Rychell iij petras lane. Item uxori Johis le parsonman ij boviculos et j vaccam j juvencum ij petras lane et j ollam eneam. Item vicario de Edenhall i librum vocatum " Placebo dirige." Item Will. Bell xij agnos. Item uxori Joh. de Hill unam petram lane. Item uni capellano celebranti divina pro anima sua per unum annum secundum quod conduci poterit. Item dno Will. de Hill capellano unum lectum et supertunicam cum capucio. Item uxori Joh. Kardoll unum lectum cum j collobio et ij petras lane. Item Johi Raynaldson unam vaccam unum lectum et unum * * * cum * * *. Item Johi le parsonman et uxori ejus ij bidentes unam arcam et unam mappam cum manutergio. Item Thome * * unam vaccam j juvencum j tripodem iij quysschyngs ij ca(n)evas * * * cum una sera[2] * * * * * Item Thome Clerk ij petras lane. Item Esote unum equum cum freno et cella et unum ventilabrum. Item vicario de Edenhall unam sellam cum freno. Item Will. Tayliour j equum. Item Johi fratri suo unum arcum cum sagittis et gladium. Residuum vero omnium bonorum suorum legavit ad distribuendum inter

---

[1] Saturday before September 4, 1380. Castle Carrock is in Cumberland.
[2] This is nearly obliterated.

consanguineos suos mediocres. Et Tho. de Hayton vicarium de Edenhall constituit executorem suum. Hiis testibus Johanne fratre suo Will. Bell Thoma Shapman et Johe Raynaldson.

CLIV. Testamentum Andree de Laton.

Reg. vol. 2, folio 333. Trans. vol. 4, p. 379.

IN dei nomine Amen. Andreas de Laton die Martis in festo Sanctorum Septem Fratrum Ao Dni MCCCLXXX[1] condidit testamentum suum in hunc modum. In primis legavit animam suam deo et beate Marie et omnibus sanctis et corpus suum ad sepeliendum in cimeterio ecclesie de Dacre cum meliori averio suo. Item legavit Beatrici de Butycome (?) xii vaccas. Residuum vero bonorum suorum dedit et legavit ad faciendum divina pro anima sua in ecclesia predicta. Et ad istud testamentum fideliter exequendum et implendum constituit executores suos dnm Willum Vicarium de Barton et Ricum Ellotra. Dat. apud Dunmallet die et anno supradictis.

CLV. Testamentum Henrici de Sandford Rectoris de Crosseby Garrard[2].

Reg. vol. 2, folio 336. Trans. vol. 4, p. 381.

IN dei nomine Amen. Die dominico proximo ante festum Natalis Ao[3] Dni MCCCLXXX Hen. de Sandford Rector ecclesie de Crosseby Gerrard bone memorie condidit testamentum suum in hunc modum. In primis dedit et legavit animam suam deo et beate Marie et omnibus sanctis et

---

[1] Tuesday, July 10, 1380.
[2] Crosby Garrett near Kirkby Stephen in Westmorland.
[3] Sunday before Christmas 1380.

corpus suum ad sepeliendum in ecclesia predicta. Item legavit ad comburendum circa corpus suum die sepulture sue xiij libras cere. Item in oblacionibus vj s. Item ad distribuendum pauperibus v marcas. Item in convocatione vicinorum c s. Item fabrice dicte ecclesie xx s. Item ad facturam unius campane dicte ecclesie xx s. Item quatuor ordinibus fratrum mendicantium per equales porciones ij marcas. Item legavit fratribus predicatoribus Karli omnes libros suos. Item legavit dno Thome Lambe capellano ad celebrandum divina pro anima sua et animabus omnium fidelium defunctorum per iiij annos xxij libras. Item liberos (*sic*) Thome Skayffe x marcas. Item Johi Bowesfield xx s. Item Sisot filie Henrici xx s. Item Ade Curcy xxiiij s. viij d. Item Joh. de Musgrave xx s. iiij d. Item Alicie Browne et Alicie Spurner per equales porciones iij s. Item Johi Robynson de Crosseby Gerard iii s. iiij d. Item Johanne relicte Will. de Soulby xxij s. Item Will. Watson vi s. viij d. Item totum residuum bonorum suorum dedit et legavit ad distribuendum inter pauperrimos notos et amicos secundum veram dispositionem executorum suorum. Et ad complendum fideliter istud testamentum executores constituit videlicet Joh. Wilson et Joh. Gryndon de Crosseby gerard. Hiis testibus J. de Bousfield et Will. Dobynson.

Proved at Rose, 27 *March*, 1381.

CLVI. TESTAMENTUM RECTORIS DE BURGHAM.

Reg. vol. 2, folio 341. Trans. vol. 4, p. 385.

IN dei nomine Amen. Primo die mensis Aprilis Ao Dni MCCCLXXXIJ Thomas de Derby Rector de Burgham Karli diosecis sane memorie dum jaceret in * * * * * suo loco condidit testamentum suum in hunc modum. In primis legavit animam deo et corpus ad sepeliendum in ecclesia Sci Wilfridi de Burgham. Item legavit unum lectum rubium dicte ecclesie de Burgham. Item legavit in lumine comburendo circa corpus suum die sepulture sue iij libras cere. Item legavit in distribucione pauperum xx s. Item voluit exequias circa corpus suum et circa sepulturam suam ac eciam circa convocationem vicinorum suorum fieri juxta discretionem et judicium executorum suorum. Item legavit capellanis et voluit reminiscionem eis fieri juxta discretionem eorum executorum. Item legavit Thome filio suo quendam equum nigrum cum cella. Item legavit Elene de Coundall et duobus pueris xij marcas. Item legavit Agnete servienti sue et duobus pueris suis xij marcas. Item Johi de Oxsthwayt xx s. Item Johi Dikenson xx s. Item legavit duobus nepotibus suis xl s. Item Elizabethe servienti sue x s. Item voluit de residuo bonorum suorum duos capellanos pro anima ipsius celebrare in ecclesiis de Burgh subtus Staynmore et Burgham. Et voluit eciam quod * * * * * *[1] ex dicto residuo * * * * * *[1] pro anima sua ministrare. Ad testamentum hunc exequendum * * * * * *[1] constituit et ordinavit executores videlicet dominum Thomam de Lowther capellanum Eliseum de Bradley. Hiis testibus Thoma de Derby et Joh. Merisson.

Proved at Penrith before the Bishop, 14 *June*, 1382.

CLVII. TESTAMENTUM ADE TAILLIOUR DE KARLIOLO.

Reg. vol. 2, folio 358.   Trans. vol. 4, p. 407.

IN dei nomine Amen. Ego Adam Tailliour de Karlio compos mentis et sane memorie in vigilia Epiphanie Domini[2] in quadam domo in qua habito in la Castelgate Ao D. MCCCLXXXV condo testamentum meum in hunc modum. In primis do et lego animam meam deo et beate

---

[1] Much rubbed.
[2] January 5, 1385/6.

Marie et omnibus sanctis et corpus meum ad sepeliendum in cimeterio ecclesie parochialis. Et do et lego eidem ecclesie nomine mortuarii vi s. viij d. et ad lumen circa corpus meum comburendum unam petram cere precii iiij s. Et ad distribucionem pauperum die sepulture mee xl s. Item canonicis ecclesie beate Marie Karli ibidem deo servientibus ad pietanciam suam xiii s. iiij d. Item fabrice ejusdem ecclesie vi s. viij d. Item lumini beate Marie in ecclesia parochiali vi s. viij d. Item lumini crucis ibidem xij d. Item lumini Sce Sythe ibidem xij d. Item lumini beate Katherine ibidem xij d. Item lumini beate Trinitatis ibidem vi d. Item fratribus predicatoribus Karli vi s. viij d. Item fratribus minoribus ibidem vi s. viij d. Item ponti de Caldew vi s. viij d. Item capellano meo parochiali ii s. Item clerico suo (*sic*) parochiali vi d. Item cuilibet capellano seculari venienti ad exequias meas in superpellicio suo vi d. Item do et lego totum residuum omnium bonorum meorum non legatorum executoribus meis subscriptis ad disponendum et ordinandum pro anima (mea) et pro animabus omnium benefactorum meorum et omnium fidelium defunctorum prout melius et salubrius videbitur expedire. Preterea omnes illas donaciones concessiones et confirmaciones quas nuper dederim concesserim et * * * et factis meis confirmaverim dominis Thome Boget Willo de Duxforth Roberto de Musgrave capellanis de omnibus terris et tenementis meis redditibus * * * cum pertinenciis suis que habui tam infra civitatem Karli quam extra infra comitatum Cumbrie in quantum possum aut scio adhuc ratifico et confirmo tenenda et habenda eisdem dominis Thome Boget Will. de Duxforth et Roberto de Musgrave heredibus et assignatis suis libere de capitalibus dominis feodi per servitia debita et de jure consueta imperpetuum. Et ad istud testamentum meum fideliter exequendum et perimplendum Johannem uxorem meam dnos Thomam Boget Willum de Duxsforth Robertum de Musgrave ordino facio et constituo executores meos. Hiis testibus Rico

Martyn Thoma Taillour Adam Malsor et aliis. In dei nomine Amen licet. Ego Adam Taillour de Karlo compos mentis et sane memorie in vigilia Epiphanie domini Ao Di MCCCLXXXV in forma predicta testamentum meum condidi et coram testibus in eodem superius nominatis tunc presentibus sigillavi * * et providens clare quod bona et predia mea ad dictum testamentum perficiendum et perimplendum non possint sufficere vicesimo die Januarii anno dni supradicto hoc declaro et ordino pro mea ultima voluntate videlicet quod predicta uxor mea cum aliis executoribus in predicto testamento nominatis singulas summas denariorum in dicto testamento meo quibuscunque aut cuicunque datas sive legatas pro libero arbitrio suo augeant minuant. Et si viderint faciendum adnichillant et cessant et prout eis melius videbitur expedire de bonis meis libere ordinent et disponant. Ad que omnia singula facienda eisdem executoribus meis do et lego et liberam concedo potestatem. Hiis testibus Stephano de Karlo Johe del Bakehaus et aliis.

Proved, 20 *January*, 1385/6.

GLOSSARY.

ACCON, ACKETON, AKTON, HACKETON, a quilted jacket worn under the armour. See Dillon's *Fairholt, Costume in England,* Planché's *Cyclopedia of Costume,* p. 136.

ALBA, an ecclesiastical garment, which reached to the feet, being a long gown, properly made of fine white linen. See Dillon's *Fairholt* and Planché's *Cyclopedia.*

AMICTA, AMICTUS, an amice, or rectangular piece of fine linen worn by all clergy, above the minor orders, over the cassock. See Dillon's *Fairholt* and Planché's *Cyclopedia.*

AQUARIUS, a water carrier, a water bearer. AQUARIUM, a water-pot, a pitcher : one of beryl occurs in one of the wills, p. 143.

ARATRUM, a plough of which the parts are, *temo* (the pole); *stiva*, the plough handle; *manicula*, the plough tail; *vomer*, the plough share; *buris*, the crooked timber behind ; *aures*, the earth boards. Andrews's *Latin and English Lexicon.*

ARCA, a chest, an ark ; in the North of England the large chests used in farm houses for keeping meat or flour are called arks.

ARCUS, a bow. *Arcus et sagitta,* p. 34.

ARIES, a ram : also a wether. See Wright's *Vocabularies,* pp. 219—250.

ARMAMENTA, implements or utensils for any purpose, tackle.

ARMATURA, equipment : everything relative to armour, as far as the tailor was concerned, viz. : linings, surcots, etc., and perhaps caparisons and horse furniture. See the Glossary to the *Liber Quotidianus Contrarotulatoris Garderobæ. Edw. I.*

ARMENTUM, ARMENTA, cattle for ploughing, draft cattle, collectively a herd of cattle.

ATTILIUM, utensils or country implements, gear.

AULA, used in one of these wills for AULAEUM, tapestry, hangings, p. 75.

AVENA, oats.

AVENTAYLE, the moveable front to a helmet, which covered the entire face, and through which the air was breathed. It was applied to all defences of the face, whether a continuation of the mail hood, or a plate attached to the helmet. See Dillon's *Fairholt* and Planché's *Cyclopedia*. *Meum bacynet cum uno drew aventayle*. My bascinet with an aventayle that draws (qu. up or down). See p. 92.

AVERIA, cattle, farm horses.

AVERIUM, a beast, the best live beast, due to the lord as a heriot on his tenant's death. Also the best live beast, due by custom by a man on his death to his parish church.

BACYNET, BASYNETE, see BATYNETTUM, *infra*.
BAKEUTCH, an oven, p. 75.
BALKES, beams or buttresses.
BANKERS, coverings of tapestry for forms, benches, seats, beds.
BASCINET, see BATYNETTUM, *infra*.
BASLARDUM, a baselard, or ornamental dagger worn hanging in front, and strictly forbidden to priests.
BATYNETTUM, a bascinet, a well known name for a light helmet, shaped like a skull cap, and worn with or without a moveable front. See Dillon's *Fairholt* and Planché's *Cyclopedia*.
BEDES, beads : *par de bedes*, a chaplet of beads, a rosary ; *par de bedes de laumber*, a rosary of amber, p. 118.
BERYLE, a kind of precious stone, a fine sort of cornelian.
BIDENS, an animal fit for sacrifice, which required it to have both the upper and lower row of teeth complete : hence it came to mean a sheep and is so used in these wills : may possibly mean twinters and gimmers, or two-year-old sheep. BIDUA is a gimber or gimmer. See Wright's *Vocabularies*, 219.
BISSUS, bay-coloured.
BLADUM, BLADA, corn, growing corn ; thus *blada et prata*, p. 69, growing corn and meadow grass, as opposed to *granum et farina*.
BLENKET, blanket : *tunica de blenket*, p. 119.
BLODUS, BLODEUS, BLODIUS. *Color sanguineus*, Ducange.
BLOID, BLIAUT, a loose upper garment, like a blouse or a smock frock. See p. 123 for a *paltok bloid*, which must have resembled a modern Norfolk jacket. See *Bliaut* in Dillon's *Fairholt*. But see BLODUS, *ante*.
BLUETUM, blue cloth : *tunica furrata de blueto*, p. 41 and p. 50.
BOS, an ox, a bullock, a cow.

GLOSSARY.

BOVICULUS, a young ox, a stott.

BRASIUM, malt.

BURGAGIUM, a burgage tenement: a tenure of land or houses in a borough; equivalent to free and common socage in the country. Stubbs' *Select Charters*.

CACABUS, a cauldron, or cooking pot.

CALIGAE, boots, military boots, hose. Wright's *Vocabularies*, see p. 127.

CALIX, a chalice, a cup, a drinking vessel; probably a tall standing cup, as distinguished from a mazer bowl.

CAMERA, CAMERRA, a chamber, hence the furniture of a chamber.

CAMINUS, a chimney or warming place: *caminus igneus* in the will of Robert del Shelde must mean some sort of portable warming place—perhaps a stove, a warming pan or a chafing dish, p. 16.

CAMPANILE, a bell tower.

CAPA, an external hooded robe or mantle, a cope.

CAPUCIUM, CAPUTIUM, a short hooded cloak: a hood, a chaperon. See Dillon's *Fairholt* and Planché's *Cyclopedia*.

CAPUT, a head, a covering for the head: *caput ferreum*, an iron hat.

CARBO, coal, charcoal.

CARECTA, a carriage.

CASULA, see CHASUBLE.

CEDULA, a schedule.

CELLA, SELLA, a saddle.

CERA, wax: the numerous bequests of wax to be made into candles and burnt at funerals would seem to show that the business of a wax chandler must have been a lucrative one.

CEREUS, a wax candle, a taper.

CEREVISIA, CERVISIA, beer.

CERICUS, p. 119, see SERICUS.

CHASUBLE, CHESUBLE, or CHESIBLE, the distinctive sacrificial vestment of the Holy Eucharist. See Dillon's *Fairholt* and Planché's *Cyclopedia*.

CHAUSOUR, a wine cooler. See Halliwell's *Dictionary*, sub voce *Shasor*; and Wright's *Vocabularies*, p. 257, n. 3.

CHAWNDELS, candles.

CHIROTHECA, CIROTHECA, CIROTECA, CEROTECA, a glove: *par cirothecarum*, *par cerotecarum*, pp. 15, 123, a pair of gloves; *cirotecae ferreae*, iron gloves or gauntlets.

CILURNUM, the celure, ceiling or roof of a bed.

CIPHUS, a cup : "*cifus*, all manyr copys," Wright's *Vocabularies*, p. 257. *Ciphus de mazero*, p. 73, a mazer bowl. See MAZERIUM. *Ciphus murreus*, p. 59. *Ciphus de murro* or *murra*, the same.
CISSOR, SCISSOR, a tailor.
CISTA, a chest, a box. *Cista de Flanders*, a box of Flemish make, p. 30.
CLAUSTRUM, p. 22, a cloister.
CLEMENTINA, PAR CLEMENTINARUM, a collection of writings attributed to Clement bishop of Rome in the first century, but undoubtedly spurious. Mosheim's *Ecclesiastical History*, edition 1819, vol. I. pp. 109, 110, 283.
CLOCA, a cloak : also a bell.
CLOCHERE, clocher, bell tower.
CLOKETTUM, a cloak.
COCHLEARIUM, a spoon.
COKELLUM, probably a shell ; see *Cokilla* in the glossary to the *Liber Quotidianus Contrarotulatoris* of Edward I., which is explained to be a *coquille* or shell : one was given to that king by some merchants, as a New Year's present, probably mounted in silver as a cup.
COLLOBIUM, a tabard or short sleeved gown, Wright's *Vocabularies*, 259. *Collobium penulatum*, a tabard, lined or trimmed with fur, p. 67.
CONSANGUINEUS, a blood relation, a cousin.
COOPERTORIUM, a cover, a coverlid.
COOPERTURA, a cover, a roof.
COOPERTUS, CIPHUS COOPERTUS, a cup with a cover, p. 59.
COTA, some sort of garment of the tunic kind, a gown. COTTA is a short surplice either with or without sleeves. *Double cot*, p. 127, a doublet.
CRATER, CRATTER, a vessel or bowl : *tripus cum crattero*, p. 69, a brandreth (or three legged stand) and its pot.
CRATICULA, a gridiron.
CULTELLUM, a knife.
CULTER, a plough, a ploughshare.
CUMINUM, cumin.
CURAL, coral ; CURALLUS, a coral, p. 144.
CURTIBUS, CURTEBY, see *sub voce* KIRTLE.
CUTILLARIUS, CULTELLARIUS, a cutler. Wright's *Vocabularies*, p. 213.

Medietatem omnium instrumentorum meorum pertinencium ad artem aurifabri cum argento et cutillario, p. 123.

DAWTERS, p. 131, see DOSERS.
DEARGENTATUS, plated or mounted with silver, silvered.
DEAURATUS, plated or mounted with gold, gilt.
DECIMA, tithe : *pro decimis oblitis*, for tithes forgotten to be paid.
DECRETALIUM PAR, a collection of the famous forged Decretals, or writings falsely attributed to the early Roman pontiffs. Mosheim's *Ecclesiastical History*, edition of 1819, vol. II. p. 305 and III. 163.
DENARIUS, a penny.
DIES DOMINICUS or DOMINICA, Sunday.
DIES DOMINICA IN RAMIS PALMORUM, Palm Sunday.
DIETA : *pastus pro dieta*, victuals for the space of a day, p. 22.
DOSERS, DORCERS, DOCERS, hangings of various kinds. *Docere de panno linco*, a hanging of linen cloth.

EGENUS, an indigent person.
ENEUS, ÆNEUS, EREUS, ERREUS, ÆREUS, of copper or bronze.
ENSIS, a sword : *ensis trenchant*, p. 123, a cutting sword.
EROGATIO, a distribution of money or doles : *in erogationibus pauperum* xxx s., p. 12.
ESKEPPA, a skep, a skip, a basket made of willow, also of rushes or straw.
ESPE, a sword : *court espe*, p. 134, a short sword.
ESTRICK, a strike, or instrument to strike corn etc. from the measure : hence a bushel.
EXEQUIAE, EXSEQUIAE, funeral procession, funeral obsequies.

FABER, a smith.
FARINA, flour, meal : *farina avene*, oatmeal.
FELYSTAG, a filly, see STAG.
FENESTRA, a window : *fenestra vitrea*, a glass window.
FEODUM, a fief, an estate held by tenure from a superior lord ; a fee, in the modern sense of a payment or *honorarium*. Stubbs' *Select Charters*.
FERETRUM, a bier, a shrine.
FERRATUS, furnished, covered or shod with iron.
FILIOLUS, a godson.
FIRMACULUM, FERMACULUM, a clasp.
FORCERIN, a cabinet, a desk, a coffer : *forcerin cum velis*, a cabinet with its coverings, p. 47.
FRATRES, friars : the term is usually applied to members of the mendicant orders. The *quatuor ordines* of these wills were the

four orders which had establishments in the diocese of Carlisle, viz. :—the

Fratres predicatores, the Black, Dominican, or preaching Friars, also called *Jacobines*.

Fratres minores, minorites, Franciscans, or Grey Friars. Both these orders had houses in Carlisle, whose memory still survives in Blackfriars Street, and in the Grey Friars in Devonshire Street.

Carmelites, or White Friars, who had a house at Appleby, and *Eremites*, or Austin Friars, who had a house at Penrith.

Also *fratres perdonarii*, p. 60; the friars traded largely in indulgences or pardons.

FRENUM, a bridle, a bit.
FRUMENTUM, FURMENT, p. 134, corn, grain.
FURRARA, fur.
FURRATUS, lined or decorated with fur: *tunica furrata*, p. 41; *cloca furrata*, a fur cloak, p. 73.

GARBA, a garb, a sheaf.
GARCIO, a servant, a valet.
GARDINUM, a garden.
GAYNTES, gloves, gauntlets.
GLADIUS, a sword.
GONNA, GUNNA, GONNE, a gown. GONNA is also a gun.
GRANGIA, a granary, a grange, a farm house.
GRANUM, grain : *granum et farina*, see p. 69.
GRAUNT, p. 134, *mon graunt sautre de argent;* qu. a phonetic rendering of "mon grand ceinture de argent."
GREDELL, a gridiron.
GRISIUS } grey.
GRYSELL }
GRYPETES, see Gripe's Egg, *Halliwell*, a vulture's or griffin's egg: probably on p. 143 an ostrich egg.

HABERGEON, HAUBARJONNE, a coat of mail, or a breastplate, the diminutive of *hauberk*.
HAKENEY, a horse, a hackney.
HARNASIUM, HERNASIUM, gear when applied to a plough, p. 19 : when applied to a man, his military equipment.
HOGGASTROS, HOGGASTERS, lambs after their first year, p. 28.
HUSBANDUS, a farm servant : in plural, husbandmen and women.

JAC, JACK, a defensive garment made of small pieces of metal, enclosed between two folds of stout canvas.
JOCALIA, jewels, ornaments generally.
JOURNAL, a breviary.
JOVIS, DIES, Thursday.
JUMENTUM, a beast of burden, a teamster: *Jumentum ad secta*, a draft horse or ox, p. 2. *Jumentum quod vocatur Fernelan*, p. 3.
JUVENCA, a female calf, a heifer, a quy.

KIRTLE, a tunic, gown or jacket, but the name has been applied to almost every garment, and while some authorities insist that it is a loose garment, others insist that it is a tight fitting one, Dillon's *Fairholt*, Planché's *Cyclopedia*, Halliwell's *Dictionary*. A "*kirtle cum curtibus*," p. 138, seems some sort of upper and under raiment.

LABORATOR, a labourer.
LAVACRUM, a laver, a jug to pour water from : the *pelvis* and *lavacrum* generally go together.
LECTUS, a bed, p. 29.
LEGENDA, a book of the lessons to be read in divine service, p. 2.
LIBERATA, a livery. Wright's *Court-hand*. *De liberata Dni mei Episcopi*, p. 40.
LINTHEAMEN, LINTHIAMEN, LINTEAMEN, a linen cloth or sheet.
LOCULUS, a casket for keeping small articles, a pocket, a purse.
LORICA, a coat of mail, as worn by a knight. Stubbs' *Select Charters*, the Glossary.
LUMEN, a light. Bequests for burning a lamp or light before a certain altar or in a certain chapel are numerous.
LUNÆ, DIES, Monday.

MANCIPIUS, a manciple, the steward of a college or community.
MANIPULA, a fanon or maniple, an embroidered scarf worn over the left arm of a priest.
MANTELLUM, a mantle or cloak.
MANUBRIUM, a handle, a haft. *Manubrium de murro*, of maple wood.
MANUTERGIUM, a towel.
MAPPA, MAPPALE, a napkin, a cloth. *Mappa mensalis*, p. 6, a table cloth.
MARCA, a mark ; nominally 6/8.

MARITAGIUM, the right of bestowing in marriage a feudal dependent. Stubbs' *Select Charters*.

MARTIS, DIES, Tuesday.

MASERRA, p. 54. See MAZERIUM.

MAXFATE, a mash tub for brewing.

MAZERIUM, a mazer, or mazer bowl, a large drinking bowl, generally of maple wood. and hooped with silver. See *Archaeologia*, vol. 50, p. 129. *Ciphum parvum de mazer*, p. 3. *Ciphum mazer......parvum mazer*, p. 16. *Mazerium meum majorem......minorem......*, p. 17.

MEDIOCRIS, a person of inferior position : hence *mediocres*, poor people, p. 114. *Mediocres de parentalia*, poor relations; *inter consanguineos suos mediocres*, p. 147. See PARENTALIA.

MELLE, MELDE, or MELLED, would appear to be a colour; perhaps honey or yellow-coloured. Or it may be intended for MEDLEE, of mixed stuff, or colour. *Kirtill de melle*, p. 139. *Tunica et capucium de melde*, p. 118. *Tunica de melled*, p. 119.

MERCURII, DIES, Wednesday.

MISSA, the Mass, the offering of the holy sacrifice. *Missa de Domina*, the Mass of Our Lady, p. 48.

MISSALE, a mass book.

MIXTUS, i.e. *pannus*, of mixed stuff or colour.

MONIALIS, a nun.

MONILE, a necklace, a collar, a brooch or clasp, p. 118.

MORTUARIUM, a fee claimed by the parson of a parish on the decease of a parishioner. Excessive mortuaries were among the grievances that helped to bring about the Reformation.

MULTO, a sheep, a wether sheep.

MURREUS, murrey-coloured, purple : *roba murrea*, p. 40 ; *capucio de murre*, p. 138 ; *cote de murre*, p. 139. *Murreus*, see *ciphus murreus*, p. 59.

NOUCH, NOWCHE, a jewel.

NUNDINA, a fair.

OBITUS. "A term used to describe anniversary Masses for the faithful departed in general, which were commonly said on All Souls' Day : or for the souls of particular individuals upon the anniversary of their decease." Lee's *Glossary of Liturgical and Ecclesiastical Terms*.

OBLACIO, OBLATIO, "any solemn offering or giving away, whether of bread and wine for the Mass, of the fruits of the earth, or of alms for the poor," as in these wills. Lee's *Glossary*.

OBOLUS, a halfpenny.
OLLA, a pot or jar.
ORDEUM, ORGE, p. 134, barley.
ORDINES, the QUATUOR, see FRATRES.
ORFRAYES, bands of rich embroidery placed on the vestments of the clergy: see PARRURA.
OVIS, a sheep.

PAENULATUS, PENULATUS, applied to trimming or lining of a garment with fur; see Dillon's *Fairholt*, citing *Ducange*.
PAGIUS, PAGETTUS, a page boy.
PALTOCK, a sort of doublet or close jacket, p. 123.
PANNUS, cloth: *pannus latus*, broad cloth, p. 119.
PAR, a pair, a set.
PARENTALIA, a festival by children in honour of deceased parents: hence *mediocres de parentalia* seems to mean poor relations, p. 144.
PARRURA, the orfrayes, apparels or bands of embroidery fastened on albs and other vestments.
PASTUS, victuals. *Pastus pro dieta*, p. 22.
PATELLA, a pan, a little pan.
PAUNCE, armour for the body, from *panzar*, a cuirass; see Dillon's *Fairholt*. *Unum par de paunce et de braces* probably means a back and a breast and their shoulder straps, p. 92.
PECIA, PECE, or PESE, a common name for a drinking cup; Wright's *Vocabularies*, p. 257.
PELLIPARIUS, one who prepares skins, a furrier.
PELOURA, fur.
PELVIS, a basin, see LAVACRUM.
PENTECOSTE, the fiftieth day after Easter, Whitsunday, p. 123.
PERDONARIUS, a pardoner; see FRATRES, and Chaucer's *Canterbury Tales*.
PESAYNES, PESANTS, a head dress, Dillon's *Fairholt*.
PETRA, a stone weight.
PICTATIO, a picture: *pictatio imaginis sancte crucis*, p. 27.
PIETANCIA, PYTANCIA, properly the allowance of appetizing food to be eaten with the bread which formed the substance of a meal. A legacy to a house of religious *ad pietanciam* was for the purpose of improving their diet.
PISTOR, a miller, a baker.

C. W.

PLACEBO DIRIGE, a funeral service-book. See pp. 80, 146.
PLATE, plate armour, as opposed to mail.
PLAUSTRUM, a waggon, a wain.
PLUMBUM, a lead cistern.
PONS, a bridge: bequests to the fabrics of local bridges are numerous.
PORCA, a sow, a pig.
PORTHOIS, a *portiforium*, pp. 6, 25.
PORTIFORIUM, a breviary or daily service book, pp. 2, 11, 29, etc.
POSNET, an iron pot with legs: a skillet or pipkin, p. 2. *Postenet*, p. 75.
PRATUM, a meadow, meadow grass, see BLADUM.
PRESTITUM, PRÆSTITUM, *mutuum*, something lent; a loan: *quas Prior et Conventus...debent de prestito*, p. 144.
PRIMARIUM, a primer, a small prayer-book.
PROCURATOR, a proctor, an attorney, p. 57.
PSALTERIUM, the book of the Psalms of David, p. 2.
PUER, a boy, a servant, a son, an undergraduate, p. 130.
PULLANUS, a colt.
PULLUS, a young animal, a colt.

QUARTERIUM, QUARTARIUM, a measure; a quarter of corn or grain is eight bushels.
QUATUOR ORDINES, see FRATRES.
QUERNNYS, querns, millstones.
QUINDENA, a fortnight and a day.
QUYSSYNS, cushions.

REDDITUS, rent.
RIDELLES, curtains, bed curtains, Halliwell's *Dictionary;* also the curtains at the ends of an altar, p. 120.
ROSETT, rose coloured.
RUBEUS, RUBIUS, red coloured.

SABBATUM, SABBATI, DIES, the seventh day of the week, Saturday.
SACCA, SAKKA, a sack.
SAGITTA, an arrow.
SALINUM, SALSIFERUM, a salt cellar, p. 127.
SANAPE, a napkin. Wright's *Vocabularies*, p. 198, n.
SAUTRE, p. 134. See GRAUNT. *Halliwell* gives SAUTER, a Psalter.
SCHOPPA, a shop: *schoppæ et solares*, p. 58.
SECTA has many meanings: when applied to vestments it means a

suit or set: thus *robam meam de secta Prioris*, " my robe from the Prior's suit."

SECURIS, an axe, a battle axe.

SERICUS, of silk.

SILIGO, rye.

SIPHUS, see CIPHUS.

SIRE, CIRE? wax.

SOLAR, an upper room, p. 58. See SCHOPPA.

SOLIDATA, *valor unius solidi*. Also the quantity of land that is worth a shilling a year.

SOLIDUS, a shilling.

SOTULARES, shoes: *par sotularium*, a pair of shoes, pp. 23, 52.

STAG, a young horse.

STAGNUM, pewter.

STANGNEUS, STANNEUS, made of pewter.

STERLINGUS, STERLINGUM, lawful and current money of England: Stubbs, *Select Charters*, says the derivation is extremely doubtful. p. 14.

STEYNE: *pannum lineum steyned*, p. 131. *Stanium*, or *Stamfortis*, a strong cloth of superior quality, Dillon's *Fairholt:* or it may merely mean stained or dyed.

STIRK, a yearling heifer or bullock.

STOLA, a narrow embroidered scarf worn over the shoulders of a priest; and over the left shoulder, and under the right arm by a deacon.

STOTT, a young ox.

SUPERLECTILE, a covering for a bed.

SUPERPELLICUM, a surplice. Wright's *Vocabularies*, p. 249. A fur overcoat.

SURCHEF, a kerchef, or coverchef.

SUTOR, a cobbler, either of shoes or clothes.

TABULA, a table: *tabula mensalis*, a dinner table, p. 16.

TALLIO, to cut: *vestes talliatas et factas*, vests cut out and made up, p. 127.

TAPETUM, a tapet, a hanging cloth, a curtain, a valance, a carpet.

TARGETE, a shield, generally of a round or oval shape.

TEMES, qu. *temo*, the beam or pole of a plough. See ARATRUM.

TOFTUM, a toft or homestead.

TREWLOVES, true lovers' knots.

TRICENNALIA, TRENTALS, an office for the dead, consisting of thirty masses said on thirty days consecutively.

TRIPUS, a brandreth, or iron tripod to hold a pot over the fire.

TRUSSIBILIS, LECTUS TRUSSIBILIS, a truckle bed, a low bed on castors, which could be run under another in the daytime.
TUNICA, a tunic.

ULNA, an ell.
URCEOLUS, URSCELLUM, a pitcher.
USBANDUS, see HUSBANDUS.

VACCA, a cow.
VAS, a vessel: *vasa domus*, domestic vessels, p. 38.
VAUTE, vault or crypt: *le vaute beate Marie in ecclesia*, p. 71.
VELUM, a covering, a curtain, a veil.
VENELLUM, a lane.
VENERIS, DIES, Friday.
VENTILABRUM or VENTILABRIUM, a winnowing fan.
VESTIMENTUM, VESTIMENTA, vestments, either ecclesiastical or secular.
VIGILIA, the eve of a feast, or day before it occurs: *vigiliae mortuorum*, watches for the dead, prayers and intercessions beside the body of a departed Christian after death and before burial; *vigiliae nocturnae*, pp. 49, 55.
VITULUS, a calf.
VOLETT, a veil, p. 119.
VOMER, a ploughshare.

WYNINYS, qu. windows, p. 134.

ZONA, a girdle, a money belt.

INDEX LOCORUM.

Addingham, 6, 48, 63
Aikton, church of S. Andrews, 7
Alayneby (Allonby), 38 n.
Albans, S., chantry of, at Carlisle, 11, 118, 124
Amotbrig (see *Eamont Bridge*)
Appleby, bridge over Eden, 18; church of S. Lawrence, 29; church of S. Michael; porch of B. V. M., 93; *coram cruce*, 96
Armathwaite, nunnery at, 12, 20, 41, 114, 125
Arthuret church, 1, 2, 35; altar of S. Michael, 2; light of S. Mary at, 27; image of Holy Cross, 27; cemetery of, 27
Asby, 92 n.
Asby Gill, 107 n.
Asby, Patrick's bridge at, 107
Aspatria, 15, 145
Aynstappellyth (Ainstable), church of S. Michael, 24, 142

Bampton, church of S. Patrick, 68; chapel of S. Thomas, 68; bridge of, 68.
Bassenthwaite church, dedication of, 23
Baxter's Row, 137
Beaumont, 76; S. Mary's light at, 77
Beghekirk, 23

Bermyngham, church of, 67, 68
Beverley, shrine of S. John of, 114
Birketrogeline, 87
Blamyre in Scocia, Le, 27
Blaterne (? Bleatarn), 144
Boghardby (Botcherby), 136
Bolton church, 23
Botchardgate, 80, 126, 137, 139
Bothill (Bothel), 14
Bowes, 67 n.
Bowness, 99
Brigholm (Brigham), 34
Bristowe (Brisco), 44
Bromfield, 5 n.
Brunstath (Brunstock), 106
Burgh-on-Stainmore, Burgh-under-Stainmore, 90, 149; bridge of, 96
Burgham (Brougham), 65; S. Wilfred's church, 87, 149

Caldbeck, church of S. Kentigern, 72; image of Mary Magdalene at, 73
Caldew bridge, Carlisle, 85, 89, 96, 99, 104, 124, 138, 150; Dalston, 96
Caldewgate, 105
Carlisle, houses, lands and tenements in Caldewgate, Castle Street, 2, 21, 150; see also Botchardgate, Fishergate, Rickergate, S. Cuthbert's Lane

Carlisle, S. Albans, chantry of, 11, 118, 124

Carlisle, S. Cuthbert's church, 58, 103, 121, 126, 135; cemetery of, 58, 69, 120, 127; light of B. V. M., 58, 103, 136, 138; altar of B. V. M., 136

Carlisle, S. Mary, church or convent of, 2, 8, 11, 18, 23, 27, 48, 49, 50, 51, 54, 58, 79, 80, 81, 85, 87, 89, 91, 100, 102, 118, 120, 121, 136, 144, 150; abbey of, 20; cathedral church of, 44, 121; parish church of, 3, 11, 84, 104, 150; altar *quo cantatur missa de Domina*, 48; light *in choro*, 85; lights *infra chorum et extra in ecclesia parochiale*, 11; various lights, 27, 68, 123, 150; cemetery of, 11, 114, 115, 118; library, 131; image of B. V. M., 139; fabric, the master of, 91

Carlisle, fratres predicatores, their cemetery or church, 10, 40, 82

Carlisle, fratres minores, their cemetery or church, 16, 60, 128, 135, 138

Castelgate (Castle street), 50, 84, 149

Chapel Flat, 113 n.

Cockermouth, church of B. V. M., 32

Comdonock (? Cardonock), 82

Crofton Hall, 91

Croglin, church of, 43, 114

Crosby, S. John's church, 49

Crosby Ravensworth, church and cemetery, 37

Crosthwaite, church of S. Kentigern, 23, 34, 37; light of S. Mary, 34

Culgaith, 61

Dacre, church of S. Andrew, 25, 90; high altar at, 90

Dalston, church of S. Michael, 26, 33, 56, 81, 95, 96; chapel of S. Mary, 26; altars of S. Michael and S. Mary, 95; lights of S. Michael, S. Mary and Holy Cross, 95; font in church, 95; bridge at, 113

Denton, Nether and Over, 12; Hall, 13 n.; Holme, 13 n.

Dobfield, 71

Doncaster, church of S. George at, 28, 29, 30; various altars there, 29; Anchorites of, 30; Friars minor and Carmelites of, 30

Drumburg, chapel of, 99

Dufton, S. Cuthbert's church at, 78; S. Mary and S. Cuthbert's lights, 79

Eamont (Amot) bridge, 45, 64

Eden, bridge over, at Appleby, 18, see *Appleby*; Carlisle, 8, 11, 27, 44, 50, 85, 89, 104, 136, 138, see *Carlisle*; the interior bridge, 136; Kirkoswald, 20, 50, see *Kirkoswald*; Salkeld, 20, 50, see *Salkeld*; Temple Sowerby, 20, 50, see *Sowrby* (*Temple Sowerby*); Warwick, 70

Edenhall, church, 45, 64, 134; churchyard, 45, 46, 47

Edentown, 139 n.

English Street, 80 n., 139 n.

Ermynthwaite, see *Armathwaite*

Farlam, church of, 41

Fishergate, Carlisle, tenements in, 5; a burgage in, 10

Fleshamels, Les (the Shambles), Carlisle, 105

Formby, 7

Grasmere, light of S. Mary's at, 4

Graystock, 70 n.; church, churchyard and quire, 77, 78; Park, 90

Grismere (see *Grasmere*)

Halton, 102

Harraby (Henryby, Herriby) bridge, 50, 136

INDEX.

Hawkesdale, Hawksdale, 31, 35, 110, 113 n.
Hegheved (Highhead Castle), 93, 95
Helton, 88
Henryby, see *Harraby*
Hepp (Shap), 67
Herriby, see *Harraby*
Heversham, church of S. Peter at, 28
Highhead Castle, see *Hegheved*
Holborn, S. Andrew's churchyard, 38
Holgill (Howgill Castle), 39 n.
Holm, Holme, Holm Coltram (Holm Cultram), 21, 50, 58, 91, 92, 110, 115; the cloister, 22
Horncastle, 98
Howath ultra Caldew, bridge of, 133

Irthington, 16
Isell, S. Michael's church, 8; manor of, 8 n., 9 n.

Karl, vicus piscatorum, see *Fishergate*
Karl, Karleolum, see *Carlisle*
Kastel Kayrock (Castle Carrock), 146
Kendal, Kirkby Kendal, new bridge at, 144
Kirkby Stephan (Stephen), 66, 67, 68, 75, 116, 117
Kirkbythore, 56, 61; bridge at, 18
Kirkland, S. Lawrence church at, 4
Kirklington, 53 n., 106 n.
Kirkoswald, bridge at, 20, 64
Kyrkoswald, church, 42

Lamley, nunnery at, 41
Lanercost Abbey, 21, 50, 102, 138
Langwathby bridge, 64 n.; chapel, 65; parish of, 65 n.
Lathes, les, 41
Lazonby bridge, 64 n.
Leysingby (Lazonby), church, high

altar, porch at door, 83; S. Nicholas church, 87, 88
Levens, 27 n.
Levington (Kirklevington, Kirklinton), S. Cuthbert's church and choir; light of S. Mary at, 53, 54, 106
Longmarton, see *Marton* or *Merton*
Lowther bridge, 64
Lynstock, palace, chapel, hermitage, and hermit, 43, 44

Markt (?), 143, 144
Marton or Merton (Longmarton), church of, 17, 19, 86; choir of S. Margaret at, 17; bell-tower at, 19; bridge at, 18; high altar, 79
Mauds Meaburn, Melbourne Mauld, 18
Melmerby, church and choir, 5
Merghanby (Maughanby), 20
Michelheld, 71
Milburn, S. Cuthbert's chapel at, 4
Moorland, 66; churchyard of, 119
Moreby (Moorby), 98
Motherby, 70

Newbiggen, church of S. Edward, 4, 75, 79
Newcastle-on-Tyne, 107, 115, 130

Ormesheved (Ormshead), 108
Ousby (Ulseby, Ulnesby), 13; church, 4, 40, 41; rectory-house at, 41
Oxford, church of S. Peter in the East, 129

Paradyse, 139
Pate's (Patrick's) hole, 107 n.
Patrick of Asby's, bridge, 107
Penrith, S. Andrew's church, 64, S. Mary's light, 65; church of the Austin friars, 90
Petterill, bridge of, 50, 136, 138
Piscatorum vicus, 10

Plumbland, chapel of S. Cuthbert, glass windows therein, 23

Queen's College, Oxford, 130, 131

Redmain, 9
Richardgate (*vicus Richardi*, Rickergate), 58, 122
Rose, manor-house of, 7; bridge, 64 n.
Routhwayt (Roundthwaite) and Tebay, bridge between, 143
Rowleye, 57
Ryddle (Rydal), 39

Salkeld, bridge at, 20, 50, 64, 126, 136, 143; church, and chancel of, church windows, 74; dilapidation at, 74
Scaleby, church of All Saints, 48
Seburgham, 7, 31, 52; chapel of, 51, 52; bridge at, 51
Shambles, the, Carlisle, 105 n.
Shap, 67 n.
Skelton, 57
Soulby, 38
Sourby (Castle Sowerby), church of S. Kentigern, 70, 71; light of S. Mary, 70; vault of S. Mary, 71; the Holy Cross at, 71
Sourby (Temple Sowerby), bridge over Eden, 18, 64, 96, 143
Stanwegges (Stanwix), church of, 44
Syrewith (Skirwith), 110

Tebay and Routhwayt (Roundthwaite), bridge between, 143
Temple Sowerby, see *Sourby*
Thoresby (Thursby), 61, 62, 63; church and altar of S. Mary, 12; S. Mary's light, 91
Thorkildale, 4
Thornthwayte, 37
Tibbay (Tebay), 103
Torpenhow, 15, 23, 131, 132; altar at, 130.
Trevermane (Triermane), 9
Trutbeck (Troutbeck), bridges over, 18

Ulneby, Ulseby, see *Ousby*
Ulnedale, 23
Unthank, 13

Walton, 60
Warcop, 116; bridge of, 143
Wardley, 129 n.
Warkworth, 1 n.
Warwick bridge, 70
Wathbridge, 133 n.
Welton, 13
Wenem, S., bridge of, 113
Westward, Le, 131
Wigton, 5 n.; church and churchyard, 54, 55, 64
Wodenmouth in foresta, bridge at, 20
Wragmire bridge, 64

Yhanewith, Yanewith (Yanwith), 61, 88

INDEX NOMINUM.

N.B. *The names of testators and intestates are printed in small capitals.*

Abot, Robert, 91
Adam, vicar of Addingham, 20; of Bolton, 116; rector of Bolton, 99; son of Roger, 50
Addyson, William, 21
Agelonby, Adam de, 54; Thomas de, 54
Agillony, Juliana, 54
Agnes, a servant, 11; of Henry Martin, 48; Thomas Spencer, 127; Thomas Barton, 54; Thomas de Derby, 149; W. Nelson, 30
Aikton, Agnes, Robert and William de, 84
Alan, rector of Plumbland, 32
Alanson, John, 145
ALAYNBY, THOMAS DE, mayor of Carlisle, 58; Adam, 42, 59; Christiana, 58, 59, 60; John, 41, 60; Marion, 58, 59; Richard and Thomas, sons of Thomas, 59
Alaynson, Nicholas, 118
Aldane, John, 3
Aldeby, John, 71; William, 71
Alenburgh, John de, 75
Alice and Adam, servants of Robert Wolsley, 86
Alice, daughter of Edmond, 133; John, her son, 133; servant of John de Dundrawe, 146
Alkynknave, Robert, 112
ALLALE, JOHN, of Thursby, 63; John, 61; Margaret, 141; Robert, 141
Alnewyk, William de, 109
Amblour, Agnes, 94
ANANDALE, THOMAS DE, rector of Askeby, 106; Agid de, 107; John de, 108, 115; Juliana de, 107; William de, 107
ANOTSON, GILBERT, of Dalston, 56; Robert, 56
ANOTSON, wife of Robert, of Dalston, 72
Apedale, Alice de, 18; John, brother of Alice, 18; William de, 19
Appleby, Henry de, 66 n.; John de, 42 n.; John de, archdeacon, 121, 122; Thomas de, 29
Armithwayt, John, 41
Armstrong, Emmote, 21; John, senior, 21; junior, 21
Arneldson, Thomas, 90
ARTHURET, WILLIAM DE, Mayor of Carlisle, 89; WILLIAM DE, vicar of Orton, 112; WILLIAM DE, vicar of Aspatria, 145; John, 89, 145;

Mariota, 89; Thomas de, 2; William de, 3, 27, 82, 102, 109; vicar of Arthuret, 27, 82
ASBRIGG, HENRY DE, 51; Agnes and Analla de, 52
ASKBY, JOHN DE, 68, 107; Eva de, 69
ASLACBY, RICHARD DE, vicar of Appleby, 96; John de, son of Richard, 96; Richard de, 40; William de, 96
Atkinson, William, 142
Atman, John, 111
Aurifaber, Robert (see *Goldsmyth*), 136
Austyn, John, 124, 136, 137, 139, 140; Isabella, 138; Margote, 136, 139, 146
Awer, John, 102
Awkelour, John, 94
Aykheved, John de, 116
AVNSTAPPELLYTH, WILLIAM DE, 24; Christiana de, 24; Isabell de, 24; Robert de, 24; Thomas de, 24

Bacastre, Patrick, 104
Baggelegh, Cecilia de, 8
Bakehow, John, 151
Bakester, Patrick, 44
Bakhous, John de, 101
Bale, Ellen del, 76
Bampton, Alice de, wife of John, 73; John, 107, 108; Robert de, 73; Thomas de, 142
BANKS, WILLIAM DEL, 117; Adam del, 106; John del, of Blaterne, 144; of Wythorp, 112; Matilda, 117
Barbour, John, 84; Robert, 119
Barker, Alice, 60; John, 57
Barneley, John de, 28
Baron, Johanna, widow of William, 133
BARTON, THOMAS, rector of Leving-

ton, 53; Richard de, 41; Thomas, son of Thomas, 54
BASTENTHWAYT, ADAM DE, 22; Johanna, Agnes and Ellen, all his daughters, 20; John de, 23; Isabella, his daughter, 23
Bateson, Thomas, 68
Baty, Beatrice, 76; John, 126; Symon, 126
Batyson, John, 76; Richard, 76
Bayhard, John, 3
Baynes, Roger, 125
Beatrice, servant of John Marschall, 65
BEAUCHAMP, ROGER, 87; Katherine, his wife, 87, 88; Thomas, 31, 87; William, 87, 88; Walter, 31
Beaumont, William de, 102
Bek, Thomas de, 42
Bell, John, de Seburgham, 133; Alice, his daughter, 133; Emmote, 100; William, 146, 147
Bencombe, John de, 78
Benson, John, 106
Berkeley, Isabella de, 18 n.; Maurice, Lord, 18 n.
Berwys, Adam, 51, 52; Margaret, his daughter, 51; Robert, his son, 51
Bewyke, Henry de, 113
Bisset, Agnes and Thomas, 54
Bisshopp, John, 21
Blaber, Alexander, 125
Blakett, Alexander, 76
Blaket, Alice, 75; John, son of Alice, 75
BLAYMIRE, JOHN DEL, of Hawkesdale, 35; Margaret, daughter of Thomas, 36; Thomas and William, his sons, 36
Blencow, Adam de, 33, 70; Thomas de, his son, 33
BLENERHAYSETT, ELLEN, daughter of William, 72; Alan de, 5, 49, 89
Blese, Richard, 3

INDEX.

Blome, John, son of Robert, 125
Bloome, Thomas, 13
Bloxam, John, 75; William, 75
Blystblod, Adam, 123
Boget, Thomas, 150
Bogher, Peter and Ellen, 11
BOGHES, JOHN DE, 67
Bollan, Richard de, 141
Bolton, Adam, vicar of, 116; Elene, 2; Robert, 40; William, 76, 120
Bone, John, 3, 53 n., 104
Bonescharlet, Johanna, 145; John, 145; Thomas, 145
Boon, John, 11, 16, 44
Botery, Thomas de, 34
Bott, John, 128
Bouchard, Robert, of London, 33
Bousfield, John de, 148
Bowaldeth, Alice, daughter of John, 133
Bowathy, Agnes, 123
Bowes, John de, 66, 67; John, junior, vic. of Kirkby Stephen, 66, 67 n.
BOWET, WILLIAM, rector of Dacre, 25, 94; Alice, 25; Gilbert, 25, 78, 95; John, 25, 51; John, little, 94; Isabel, 94; Robert, little, 94; Thomas, 25; Thomas, little, 95; William, 25
Bowetham, William de, 126
BOWMAN, WILLIAM, 63; Richard, 125; William, 75
Bowness, William de, official of Carlisle, 131, 132; William de, 77, 99, 109
Boyse, Matilda, 138
Bradebell, Ada de, 67
Bradebelt, Beatrice; Margaret, 69
Bradly, Eliseus, 149
Bramfield, John, 11
BRAMPTON, WILLIAM, rector of Dufton, 78; Richard, 18; William, 29
Brand, servant of J. Marshall, 121
Brantyngham, John, son of Alice, 145

BREDEMAN, THOMAS DE, 55
Brelyngton, John de, 82
Bresewode, William, son of Richard, 70
Brexely, Nicholas de, 71
Bricio, 94
Bridekirk, William, rector of, 100
Brigge, John del, 21
BRIGHAM, THOMAS DE, 65
BRIGHOLM, WILLIAM DE, 34
BRINTHOLM, JOHN DE, 111; Ellen, his wife, 112; Ellen, his mother, 111; Lawrence and Thomas, 111; William, 112
Briscawe, Rob. de, 96
Briscow, John, 126
BRISWOD, CHRISTIANA, wife of William, 81; Agnes and Alice, sisters of Christiana, 81; William, son of Gilbert, 81
Bromfeld, Thomas de, 5 n.
BROWN, ADAM, of Scotly, 105; Alice, 148; Henry, 106; John, 21; Margaret, his daughter, 106
BROWNFELD, ROBERT DE, rector of Melmerby, 5; John, brother of Robert, 6; William, John and Johanna, his sons and daughter, 6; William, brother of Robert, 6
Brownyng, William, 7 n., 8
Broyne, John, 99
Brumley, Richard de, 96, 97
Brunne, Robert, 23
Brunskayth, Adam de, 99
Brunstath, Gilbert de, 106; Johanna, daughter of Ellen, 106; Mariote de, 106
BRUYNE, ROBERT, 98; Arabella, 94; John, senior, 99; Matilda, 99; Thomas, 99
Brysby, Richard de, 134
BRYSSEBY, RICHARD DE, 132; Nicholas de, 133
BURDON, JOHN DE, 29, 101; Alice, his wife, 101

INDEX.

Burgh under Stanmore, John, vicar of, 67
Burgh, John, vicar of, 29
Burgh, Thomas de, 25; John de, 100; William, son of John, 100
Butycome, Beatrice de, 147
Buyssell, John de, 101
Byndber, Robert, 3
Byrde, Alice, 143; William, 94, 143
Byrkenside, Margaret de, 139, 140
BYX, ROBERT DE, 92, 129, 131, 132; John de, 131, 132; William de, 130, 131

Caldbeck, Adam de, 19 n., 51, 85; Nicholas de, little, 19; Robert de, 85
CALDESMITH, JOHN DE, 10; Maria de, his sister, 11
Camera, John de, 84
Canesby, John, 126
Car——? Johanna, daughter of John, 83
Car——? Thomas, 83
Cardill, Thomas de, 69
Cardoill, John, 123, 124
Carleton, William de, 66, 118, 119
Carlisle, Bishop of, 18, 32, 40, 43 n., 94
Carpenter, Nicholas, 120; Robert, 126; Roger, his son, 126
Carrick, Rowland, 84
Carter, Thomas le, 30
Castell, Euphemia, 47
Castro, John de, 42 n.
Cauteley, William de, 30
Cecilia, servant of Thomas Barton, 54
Cecilie, 12
Cestre, Walter de, 21
Chambre, John de, 91
CLAXTON, WALTER DE, 115; William, his cousin, 115
CLERK, THOMAS, of Anandale, 128; Henry, 112; John, 30; John of

Edenhall, 128; Isabella, 128; Robert, 141; Thomas, 125, 146; William, 141
Cletre, Matilda de, daughter of William, 21
Clifford, Isabel de, 17, 18; Robert de, 17, 18; junior, 17, 18; Roger, 56 n., 57; Roger, Lord, 65 n.
Clifton, Clemens de, 40, 41; John de, 126; Thomas de, 141
Close, Dean, 11; Thomas del, 65 n.
Coke, John, 94; Thomas, son of John, 68; William, 87
Cokks, Richard, 131, 132
Colier, Adam, 87
Collerdowse, Robert, 132
Colt, William, 126
Colthird, William, 52
Colyn, William, 68
Corbrig, William de, 81
Corbrigg, Will. de, 66 n.
Corkby, John de, 109
COROUR, JOHN, of Bothill, 14; Emma, Johanna and John, 14
Corry, Walter de, 53 n.
Cote, Thomas, 30
Cote, William del, 118; Johanna, his wife, 118
Coumdall, Ellen de, 149
Cove, Henry de, 33; Johanna, 84
Cow, John, 127
Cowper, William, 126
Crackenthorp, Will. de, 4
Crane, 68
CRESSOPP, HUGH DE, 46
CROFTON, CLEMENT DE, 91; Clement de, junior, 92; Johanna de, 92; John de, 92, 131, 141; Robert, 62; junior, 63
CROGLIN, THOMAS, rector of, 43; John de, 43
Crokebane, Maria, 79; Matilda, her daughter, 79
Crosby, John de, 40
Crosthwaite, Thomas de, 112

CROSSEBY, JOHN DE, 128; Adam de, 15, 131
CULGAYTH, JOHN DE, 61; Ada de, 61
Cundale, Roger de, 69
Curcy, Adam, 148
Curtays, Adam, 110

DACRE, WILLIAM DE, 32, 33 n.; Lord, 87, 128; Ranulph de, 33 n.
Daker, John de, 6
Dakers, John de, 118
DALSTON, JOHN DE, 95, 125, 128, 135; Agnes, 96
Dancry, William, 65
Del Halls, the, 13 n. (see *Hall*)
Dencort, Robert de, 109
Denes, John, 48
Dent, John de, 88
Dentons, the, 13 n.
DENTON, AGNES DE, 12; Christiana de, 12; John de, 13, 118; Richard de, 12, 13, 40; William de, rector of Ulnesby, 5, 13
DERBY, THOMAS DE, rector of Burgham, 148; John de, 149; Thomas de, 65 n., 149
Derle, Johanna, daughter of Roger, 103
Derwentwater, John de, 23, 34; Margaret de, 34
Dewy, John de, 25, 92
DEYNCOURT, ADAM, vicar of Aspatria, 15; Robert, 10, 15 n.
Dickinson, John, 149
Diker, Thomas, 79
Dixon, Adam, son of John, 71
Dobsanby, John, 41
Dobson, John, 79, 105; Walter, 99; William, 79
DOBYNSON, JOHN, son of Thomas, 64; William, 148
Docwra, William de, 133
Doget, Thomas, 121, 122, 136, 138
Dogson, John, 100

Donkin, John, 57
Donnay, Thomas, 39
Drases, Denies, 134
Dufton, Andrew (brother of Adam), 79
Dundragh, John de, 70
Dundraw, John, 124; William de, 123
DUNDRAWE, JOHANNA DE, 138
DUNDRAWE, JOHN DE, 135; Alice, 136; Johanna, 137, 138; John de, 136, 138; Walter, 136; William de, 136, 137
Durham, Archdeacon of, 32
Duxforth, William de, 150
Dykes, William del, 84
Dynok, Robert, 41

Edmond, 133
Edwards, John, 63
Elenote, daughter of Alice, 60
Elet, 91
Elizabeth, servant of John Derby, 149
Ellarle, John, 94
Ellotson, Richard, 147
Emma, servant of J. Marshall, 121; daughter of Robert, 129
EMMOTESON, ADAM, of Thursby, 62
EMMOTESON, JOHANNA, 62; Juliana, 62
Engayne, William, of Clifton, 34
English, William, 92 n.
Ergham, Ralph de, 77 n.
Ermythvaict (Armathwaite), prioress of, 20
Erthorp, William, 29
Esota, 146
Esshlyngton, Christiana, wife of John, 80
Esyngwalde, William de, Canon of Carlisle, 6

Faber (the smith), John, 125
Fabro, Adam, 18
Fairhare, John, 6

INDEX.

Farnham, William de, 63
Faucon, John, 12
Fawside, Thomas de, 109
Fecher, John, 125
Feld, Johanna del, 95
FENTON, WILLIAM DE, 49
Fissh, Hugh, 38
Fisshelake, William de, 30
Fisshwyk, John, vicar of Birmingham, 67, 68; John, a tailor, 67
Fleshewer, Pame, 139
Fletcher, William, 106
Fobour, Richard, 16
Forester, Ranulph, 75; Hugh de Salkeld, his son, 75
FORMBY, ROBERT, son of Adam, son of Walter de, 7; Gilbert de, 7
Fournes (Furness), John de, 123
Foxholes, John, 29
Frankys, John, 112
Frere, John, 104
Fulsham, Robert de, 30
Fulthorp, Roger, 93

Galway, John, 137
Gare, John, 29
Garth, John del, 87; Robert del, 87; Roger, son of Adam del, 87; Thomas del, 88
Garum, William, 29
Gaytscales, William, son of John, son of Simon, 36
Gerard, John of Carleton, 107; Thomas, rector of Castle Carrock, 107
Gill, Thomas de, 72
Glasier, John, 38
Glenton, William de, 138
Godewill, 29
Goldesburgh, William de, 111
GOLDSMYTH, ROBERT, 51, 105, 123, 136, 137; Alice, 123; Ellen, 123, 140; John, 123, 124, 137; Margaret, 124, 137, 139, 140; Thomas, 123, 124, 137.

Gonson, Margaret, 140
Graye, Margote or Margaret, 136, 139
Grayme, Ada, 68
Grene, John del, 56, 72
Greystoke, Henry de, 33, 54, 57; John del, 72; William de, 10, 77
Grindon, Johanna, 65; John, 148; Thomas, 65
Groute or Grute, Gilbert, 90, 136
Gryme, William, 100

Halden, John, 11, 119; Margaret, 119
Halghton, John de, Bishop of Carlisle, 18
HALL, NICHOLAS, of Crosby, 49; Enote, 76; Goditha, 49; John del, 12, 48; Margaret del, 117; Richard de, 19; Robert de, 125; Thomas del, 12, 127; William del, rector of Bowness, 84
Halton, John de, Bishop of Carlisle, 18, 43 n.; John de, 119
Hamlyn, Adam, 145
Hanley, Robert, 33; William de, 28
Hardyng, Hugh, 125
Harpine, John, 83, 88
Harpour, Adam le, 29; Adam, de Crosby, 38
HARRYNGTON, RICHARD, vicar of Morland, 66; Isabella de, 23; Thomas de, 23
Haveryngton, Richard de, 123
Haynyng, Hugh, 109
HAYTHWAYT, SIMON DE, 26; Gilbert de, 10; William de, 26
Hayton, John, son of William de, 142; Thomas, rector of Edenhall, 147
Hayward, Adam, 94
Hede, Peter, 100; Robert, 100
Helton, Walter de, 48 n.
Henry, rector of Hutton-in-the-Forest, 21; son of Mariote, 19

Henryson, Gilbert, 117; William, 128, 138
Herdendale, John de, 111
Hereyson, Henry, 117; Robert, 117
Heyborne, Adam de, 116
Heyning, Richard, 14
Hilda, 76
Hill, John del, 29, 146; de, 18; William del, 30; de, 107, 108
Hiltoft, John de, 32
HILTON, WALTER DE, rector of Moresby, 98; William de, 98
Hineson, Adam, 27
Hird, Adam, 145; John, 36; Thomas, 36; Thomas, junior, 82
HISSHER, ROBERT, 80; Margaret, 80, 81
Hoberone, 94
Hobson, William, 9
Hog, or Hogg, Thomas, 2, 60
HOGHTON, JOHN DE, 35
Holm Cultram, Abbot of, 92
HOTHWAYT, GILBERT DE, 31; JOHN DE, 97; WILLIAM DE, 15 n., 108; Ellen de, 109; G. de, 97; Isabella de, 32; Thomas de, 97
HOTON, ADAM, rector of Kirkby Thore, 56; RICHARD, rector of Greystoke; Christiana, 57; Edmond de, 78; Isabella, 78; John, 57, 78; Margaret, 78; Richard, junior, 78; William, 57
HOULETSONE, ADAM, 9; THOMAS, 9; Agnes, 9; Christine, 9
Howe, John del, 76
Howeth, John, 119
Hoyrys, Alice, daughter of William, 133
Hubrightly, John, 60; Margaret de, 60
Hugh, a servant, 84; son of Robert, 129
Hunt, Adam, 41
Hunter, John, 21
Hymthwayt, Cecilia de, 12

Hyme, John, 126
Hyne, 94; Christiana, 97

Jackson, John, 140
Jacob, 87
Jarrow, Hugh de, 71
Ibote, 145
Jedburgh, Abbot etc. of, 1 n.
JOHN, VICAR OF AYNSTAPPLITH, 142; BAMPTON, 68; CROSBY, 128; Burgh, 29; Burgh-under-Stainmore, 67; son of Adam, 50; of Christiana, 29; of Ibote, 145; of Simon, 21; of Thomas, 91; godson of William de Brigham, 34; senior, 6; a clerk, 68; the canon, 2; a chaplain, 113; a page, 30; servant of R. Schambles, 142; of R. Aslacby, 97
Johnson, Thomas, 61
JONSON, THOMAS, of Soulby, 19; Adam, 132; William, 63
Ireby, John de, 97
Irland, Emma, 76
Julian, sister of William, 6

Kardoile, John, 146
Kardoile, Kardell, John, 137, 138, 140
Karleolo, Stephen de, 59, 60, 61, 85; Thomas de, 69
Karlile, Thomas de, 109
KARLTON, THOMAS, rector of Castle Carrock, 146; John, 146, 147; William de, junior, 115
Kek, William, 6
Keley, Simon, 117; Alice, his wife, 117
Kelhow, Robert de, 33
Kendal, Simon de, 46
Kirkandrews, John de, 141; Thomas de, 84
Kirkbride, Walter, 53 n., 130; William de, 130, 167
KIRKBY, ROBERT DE, rector of Acton, 77, 101, 103; Alice, his

INDEX.

sister, 102; John de, 113; William de, 21
Kirkby, William de, 6
Kirkhoff, Henry, 105
Kirkland, Thomas de, 14
Kirkoswald, Thomas, 21; William, rector of, 99
Knaresdale, John de, 43
KNATON, HUBERT DE, 119
Koke, Richard (see *Cokks*), 132
Kokirmuth, Matilda, 127; Robert de, 127
Kyrkbride, Henry, 5, 6, 21; John de, 12
Kyrkely, William de, 136

LADEMAN, WILLIAM, 61; Johanna, his wife, 61
Lambe, Adam, 76; John, 116; Nicholas, 96; Thomas, 148
LANCASTER, JOHN, son of Roger de, 3; William de, 39; Aline, 39; Elizabeth de, 4; William de, 4
LANDER, CECILIA, of Hawkysdale, 110
Lange, Alice, wife of Stephen, 101
Langrygg, William de, 52
Langwathby, Richard de, 47
LATON, WILLIAM DE, 90; Andrew de, 91; John, 91; Margaret, 90; Thomas, 91
Laton, Richard de, 25
Lawrence, 134
Lawson, Sir Wilfrid, 8 n.
Layakton, William de, 102
Layborne, John de, 40
Layland, John, 141
Laysinby, Emson de, 21; John de, 42; Mariote de, 21
LAYTON, ANDREW DE, 102, 147
Ledes, Roger de, 15 n.
Leigh, Thomas, 8 n.
Lekyl, John de, 90
LENGLEYS (L'Angleys, English); MARGARET, 93, 94; WILLIAM, 92,
93 n., 94; Alice, 93; Elizabeth, 93 n.; Helena, 93 n.
LEVERSDALE, ROBERT, 83
Levington, Ranulph, 53 n.
Levyngton, Hugh de, 54
Leycester, Robert, 8
Leysingby, John de, 87, 88
Lilford, Hugh de, 113
Linck, Robert, 12; John, his son, 12
LINTON, JOHN DE, 37; vicar of Crosby-Ravensworth; Thomas de, 38; William de, 38; Thomas de, son of William, 38
Little, John, 43
Lockmabane, William de, 58
Logt, 60, 61
LONDON, JOHANNA DE, 115, 117; WILLIAM DE, 114; Ellen, 119; John de, 118; Richard, 118; Thomas, 119
Lonerscale, John de, 30
Lonnesdale, Agnes de, 34
Lother, William, 7
Loughtburgh, Sir Walter de, 33
Loundrer, William de, 29
LOVELL, JOHN, 85
Lowe, Hugh, 75, 76
LOWRY, JOHN, 26; Emma, 27; Thomas, 17
LOWSON, ADAM, 44; Hugh, 21; Matilda, his wife, 44
Lowther, Hugh de, 21; Robert, 44; Thomas, 141, ? 144, 149
Lucy, Thomas de, 60
LYGH, WILLIAM DE, 8; Richard, William, Peter, Thomas and Edward, his sons, 8; Margaret, his daughter, 8; Mariote, his daughter, 8; Margaret, his wife, 8, 9
Lynbek, John, 90
LYNSTOCK, WILLIAM, Hermit of, 43
Lyster, Matthew, son of Patrick, 55

Magstra, John, 113

Mallerstang, Henry de, 57, 86; Margaret, his wife, 86
Malmagris, Thomas de, 70
Malson, Ada, 65; Adam, 151; Idonea, 65; John, 65
Malton, Henry de, 73, 121 ; John de, 81; Margaret de, 73; Thomas de, 126
Manchall, Johanna, 21
Manchett, John, 87
Mangwys, William, 29
MARCHE, JOHN DEL, vicar of Dalston, 124; John de, 113, 114
MARESCHALL, wife of Hugh, 71; WALTER, 69; Margaret, 70
Mariman, Alice, wife of Nicholas, 136
Mariote, daughter of Ada, 50
Marioteson, Henry, 26
Marschale, John, 60
MARSHALL, JOHN DE, 120; JOHN, vicar of Edenhall, 64; ROBERT, of Talentyre, 99; Agnes, 100; Isabel, 118, 121, 122; John, 100, 121, 122; Mariote, 100; Thomas, 102, 121, 122; Walter, 69
MARTIN, HENRY, rector of Scaleby, 47, 48; Elias, 50; John de, 29; Richard, 150; William, 48
Matilda, daughter of Alice, 2; Esota, 146
Mayden, Alice, 111; John, her son, 111
Mebourne, Robert de, 18
Meburn, Stephen de, 94
Meke, John, 41; Reginald de, 41, 42
Merrison, John de, 149
Merton, John de, 18, 67, 116; Robert de, 4, 5
Mewros, John, 126
Michelson, William, 71
Middleton, John de, 42, 95, 102, 104, 113, 114; John de, vicar of Dalston, 96
Mikesburgh, John de, 29

Milner, Dionisia and Enote, 76; Henry, son of Thomas, 52
Mirescho, Roger de, 33
MONKHOUSE, ELLEN, wife of John de, 52
Monkhowys, Henry de, 51; John de, 51, 52, 53
MONTE, RICHARD DE, rector of Kirkoswald, 42
Moreman, John de, 116
Moriceby, Christopher, 28; Hugo, 28
MORLAND, JOHN DE, 17, 67, 68, 86 n.; Peter, 14, 59, 75, 76; Richard de, 66; Robert. 18; Roger, 67, 68; Sybel de, 18
Morlay, Christiana, 77
Morse, John del, 41, 42
Morton, John de, 131, 132
MOTHERBY, NICHOLAS DE, 70; Emma, wife of Nicholas, 71; John, son of Alexander, 71
Mulcaster, Thomas de, 109; William de, 23
Multon, Thomas de, of Gilsland, 42 n.
Murray, John, 66 n.
Musgrave, Alice de, 79; John de, 148; Robert de, 32, 108, 109, 150; Walter de, 79; William, 79
Myddleton, John de, 51, 77, 84, 85, 89, 90

Nally, servant of Thomas de Lucy, 60
NELSON, WILLIAM, vicar of Doncaster, 28; Alice, 28; John, 28; Margaret, 21; William, 28
Neots, John de, Sub-Prior of Carlisle, 80
Neux, Ranulph, 101
Nevill, Seigneur de, 32
Newbigging, Robert, rector of, 4
Newby, Isabella, 143; Johanna, 143
Newton, William de, 97
Nicholas, son of Adam, son of Walter, 103

C. W.

INDEX.

Nicholas, 16, 142
Nicholas, a priest, of Seburgham, 52; servant of Matt. Taillour, 55
Nicolson, John, 44
Notshagh, Alan, 9

Okes, John de, 29
Olifant, Thomas, 29
Orfevre, Richard, 123, 137, 138, 139
Ormesby, John de, 75; Walter de, 2, 3; John, son of Walter de, 3
Ormesheved, Robert de, 108
Ormysheved, Robert, 145
Otere, Alice, 119
Overend, Thomas del, 122
Overende, Thomas, 138
Oxinford, John de, 33
Oxsthwayt, John de, 149

Page, William, 61
Palfrayman, Gilbert, 47; Henry, 25
Paniteri, Thomas del, 21
Parker, Nicholas, 26; John and Thomas, his sons, 26
Parsonman, John le, 146
Parvyng, Adam de, 5 n., 140; John, 57; Sir Robert, 5 n.
Patrickdale, Marioto, daughter of John, son of William, 54
PAY, ROBERT, rector of Thursby, 140
Paybour, William, 94
Paytfine, John, 119
Peacock, Adam, 5 n.
Penny, John, 18
PENRITH, JOHN DE, vicar of Arthuret, 1
PENRITH, JOHN DE, 108; Ellote de, 94; John, a canon, 1 n., 2, 3; son of Thomas de, 1 n., 2; son of William, 104; rector of Kirkland, 125, 130, 131, 132; Margaret, 108; Robert, son of John, 108; Thomas, 1 n., 2, 3; William, Bachelor in Theology, 130, 132

Person, Margaret, wife of John, 142
Peter, son of Reginald, 14
Petty, Henry, 126
Petylon, William, 99
PINKINEGH, JOHN, sen.?, 112; ROBERT, 111; Alice, 113
Pistor (the miller or baker), Robert, 125; Thomas, 126
Plesyngton, Nicholas de, 39
Plumbland, Alan, rector of, 32
Plumbland, Thomas de, 23
Pokelyngton, John de, 1 n.; William de, 1 n.
Porteman, Hugh, 125
Porter, Adam, 96; Thomas, son of Adam, 96
POTTER, EMMA, of Hawkesdale, wife of Thomas Potter, 31
Powetson, Robert, 11
Pray, John del, 120
Prestmanwyff, Margaret, 139
Prestonson, John de, 107; Matilda, his wife, 107; Johanna, wife of Robert, 107
Proppe, William, 93
PULT, JOHN, of Hawkesdale, 33; Agnes, his wife, 34
Purdelock, Agnes, 21
PYNKNEGH, JOHN, of Dalston, 82; Johanna, his wife, 82

Ragenhall, William de, 1 n.
Randolph, John, 83
Raughton, Thomas de, 84
Rawbanks, Alice, daughter of Isabel, 71
Raynaldson, John de, 107, 108, 146, 147
Redehouse, Hugh de, 32
Redeness, Richard de, 84
Redheved, John, 52
Redman, Maud, or Margaret, 8 n.
REDMANE, MATHEWS DE, 9
REDMANE, MATTHIAS, of Kendal, 27; Emmote, 10; Margaret, 28

INDEX.

179

Redyng, John de, 66
Reede, William de, 21
Rek, Thomas del, 21
Remigius, 21
Remyngton, John de, 21
Richard, the chaplain, 27; of Thursby, 142; son of Elet, 91; Nicholas, 55; Roger, son of Katharine, 2, 3
Richardby, Alexander and Thomas de, 71
Rider, William de, 121
Riley, Robert de, 35
Rivyn, Richard, 99
Robert, rector of Newbiggyng, 4, 75; Thoresby, 99; son of Goditha, 55; servant to various, 21, 41, 68, 85, 121, 123
Robynson, John, 148; William, 49
Roger, the servant of John Bowes, 66, 68
Ros, William, 94
Rose, Gilbert, 99
Rosgitt, Robert de, 118
Ross, John, Bishop of Carlisle, 1 n.
Routhburg, Robert de, 109
ROUTHBURY, WILLIAM, Archdeacon of Carlisle, 74
Rowese, Alice, 126
Rudde, William, 130, 131, 132
Russell, Adam, 125; Eudo, 125; Margaret, 125
Rychell, wife of Patrick, 146

SALKELD, JOHN DE, of Merghanby, 20; ROGER DE, 125; Adam, official of Carlisle, 28; Alice, 126; Hugh, 75, 76, 126; Johanna, 126; John de, 6, 32; John, junior, 20; John and Richard, bastards of John, 20; Margaret, 22; Margaret, daughter of Roger, 126; Richard, 22; Thomas, rector of Clifton, 19; Thomas de, 6; William de, 23

Sanderson, Henry, 21; Nicholas, 73; William, 21
SANDFORD, HENRY, rector of Crosby Gerrard, 147; Edmond de, 92 n., 93; Edward, 38; Thomas, 47; William, 38
SANDFORTH, THOMAS DE, 143; Marie, 144; Robert de, 144; William de, 143, 144
Sandhow, Idone, 75
Sandys, Johanna del, 140; William del, 139
Saunderson, Nicholas, 100
Scales, John de, 75
SCHAMBLES, WILLIAM DEL, rector of Aikton, 141; Agnes, 142
SCOTT, ISOLA, wife of John, 46; Maurice, 13
Sebraham, J. de, 3
SEBURGHAM, JOHN DE, rector of Walton, 60; JOHN DE, 72
Sedburgh, Richard, chaplain of, 128
Shapman, Thomas, 147
SHELDE, ROBERT DEL, 15; Agnes, his wife, 15
Shepehird, Henry, 46; John, 6
Sherbourne, John de, 68
Shirlok, William de, 126
SHORTRIGGES, AGNES DE, 62
SHORTRIGGES, RICHARD DE, 62; John, son of above, 62
Simon, a clerk, 10
Sissote, wife of John, 140; daughter of Henry, 148
Skayffe, Thomas, 144, 148
Skelton, Clement de, 33, 92, 131; Nicholas de, 130; Robert de, 131; Thomas de, 130
Slaywight, John, 133
Slaywryght, John, 133; William, 133
Sleht, William de, 118
Slokdale, David de, 116
Smalham, John, 106
Smerles, Christiana, wife of Stephen, 75

Smith, John, 62, 63
SMYTH, GILBERT, of Amotbrigg, 45;
    Agnes, 45
Smythe, Emma, wife of Radulph, 133
Snoddyng, John de, 25
Sostell, Gilbert, son of Mariote, 145
Sotheroune, or Sotheryne, John, 94,
    95
SOULBY, JOHN DE, rector of Musgrave, 38; Johanna, 38; widow of William, 148; John de, 18; Robert de, 38
SOURBY, THOMAS, rector of Beaumont, 76; Alice, 76, 77; William, 76, 77
Sourlby, John, 86
Southwait, Peter de, 53 n.
Sowerby, John de, 57
Sparow, Thomas, 129
SPENCER, THOMAS, 126; Agnes, his wife, 127; Matilda, his daughter, 127; Richard de, 8; Thomas, son of William, 127; William, 127
Spens, William, 25
Spicer, Peter, 122
Spillgyld, Thomas, 6
Sponhoue, Robert de, 112
Sporier, Christiana, 21; John, her son, 21
Sprote, William, 77
Spurlyng, John, 94
Spurner, Alice, 148
Stabbe, Robert, 36
Stacey, Ellen, 139
Staffield, Adam, 104
Stalker, John de, 52
Stanford, John de, 30
Stanley, Will. de, 30
STAPILTON, WILLIAM DE, 133; John and William, 134
STAPLETON, WILLIAM DE, senior, 45; ISABELLA, 47; Emma, 45, 47
Statone, John, 121
Staunton, Henry de, 58
Staurchouse, John, 126

Staypleton, William de, 75, 76
St Denis, John, son of Robert, 11; Ellen, his daughter, 11
Stegill, John, son of Thomas, 79; Thomas de, 19, 101, 130, 131; William, 79
Stelington, Robert de, 18
Stephen, a friar, 130
Stodeherd, Will., 4
Stokdale, William de, 71
Stokesley, John de, 109
Story, Galfrid, 99
Stracore, John, 135
Strang, Thomas, 104
Strayt, Robert de, 118
Strickland, Johanna, 125; Thomas, 81, 125; William, 44, 97, 109, 118
Suetmuth, William de, 33
Sutor, Galfrid, 34; John, his son, 34; William, 126
Swaene, William, 119
Swan, John, 131
Swandon, John de, 94
Swaynson, Cecilia, 94; John, 39
Swyndale, William, 21
Sympson, Thomas, 125; John, his son, 125

Tabard, John, 145
Taillor, W., 3
TAILLOUR, ADAM, 149; CHRISTIANA, 13; Johanna, wife, 150, 151; John, 146; Matthias de, 54; Robert, 103, 104; Simon, 13; Thomas, 150, 151; William, 146
TANNER, JOHN, of Penreth, 109; Mariote, his wife, 110; John, his son, 110
Tayliour, Johanna, 140
Taylour, Adam, 85
Taynturall, Gilbert de, 70
Terry, John, 5
Tesdale, John de, 120
Thesdale, Robert de, 18
THOMAS, rector of Croglin, 43;

INDEX.   181

rector of Brayham, 65; a clerk, 11,
96, 112, 113, 120; a friar, 126;
a page, 30; son of John, 90; a
servant, 52
Thornburgh, William de, 143, 145
THORNETHWAYT, ISABELLA DE, 36;
John de, 37; Richard de, 37
Thorneton, Thomas de, 4
THRELKELD, HENRY DE, 88;
WILLIAM DE, vicar of Lazonby,
83; Christiana, 83; Henry de, 88;
Idonea, 88; Johanna, 83; John,
83; John, junior, 83; William de, 88
Thursby, Richard, chaplain of, 142;
Robert, rector of, 99
TIBBAY, ROBERT DE, 103; Beatrice,
103
TILLID, SIR ROBERT DE, 82; Felicia
de, 82; Isabella de, 82 n.; Sir
Peter or Piers, 53 n., 82 n.
Tinkler, wife of John, 84
Toft, William, 8, 9
Tomlynson, William, 71
Topcliff, 16
TREWLOVE, THOMAS DE, of Grey-
stock, 76; John, his son, 76
Tyby, Emma de, 139, 140
Tylieff, Robert, 144
Tympon, John de, 72
Tympton, John de, 52
Tyok, 21

Ullack, Alice de, 60
ULNESBY, RICHARD DE, rector of
Ulnesby, 40; Cecilia de, 40, 42;
Enote de, 40, 41, 42; Johanna de,
40; John de, 40; John de, junior,
40; Margaret de, 40; Mariote de,
40; Richard de, 40
Usher, Robert, 50; Margaret, his
wife, 50; John and Isabella, his
children, 50

Vaus, Rowland, 21; Richard, son of
Rowland, 21

Vaus, John de, 40; Richard, 49;
Roland, 135
Vedue, Alice, 126
Vikers, John del, 83
Vycars, William del, 65

W——, Thomas de, Canon, 84
Wakefield, Henry de, 5 n.
Wakeman, Robert, 42
Wakthwayt, Adam de, 112; Isabel,
112; John, 112
Walas, Adam, 145; Johanna, 145;
Thomas, 145
WALKER, THOMAS, of Seburgham,
31; Henry de, 55; Alice, 55;
Margaret, 84
Wall, Margaret, wife of John del, 86;
Richard, son of John and Margaret,
86
Waller, Henry, 110
Walley, William, 7
Wampole, Robert de, 55; Alice de,
55
Wandethwayt, William de, 132
Warcop, Henry, 144; Henry and
Isabella, children of Henry, 144
Waren, Matilda, daughter of Richard,
140
WARTHCOPP, JOHN DE, 116; Mariote,
117; Roger, 116; Thomas, 93
Warthecopp, John de, 67, 68;
Christiana de, 68
Warthole, Thomas de, 97
Warton, Edward de, 115; Edmond
de, 118; Johanna, his wife, 118
Wasseson, John, 21
Waterthwayte, William de, 21
Watson, David, son of John, 143;
Henry, 69; William, 148
Wederhale, Thomas de, 75
Wedrall, Thomas de, 126
Wells, Matthias, 90
Wellys, John del, 142
Welton, John de, 13
Wendont, William, 6

Whall, Thomas del, 86
Whytehead, Thomas, 64; W., 19
Whyteheved, John, 87
Whytelaw, William de, 46, 47
Whytheved, William, 50
Whytinghame, Isabel, 93, 94
WHYTRIGG, ROBERT DE, senior, 71; Ellen de, 73; John de, 73; Nicholas, 57, 73; Thomas, 73
Wigton, Adam de, 22; Margaret de, 5 n.
WILKYNSON, JOHANNA, 63; WILLIAM, 63; Adam, 63
WILLIAM, Hermit of Lynstock, 43
William, vicar of Arthuret, 82; rector of Bolton, 120; rector of Bowness, 99; rector of Bridekirk, 100; rector of Kirkoswald, 99; son of Adam, 97; Margot, 26; Simon, 26; Thomas, 50; a clerk, 100, 116; servant, 52, 95, 127
Wilson, John, 148
Wilton, William de, 109
Wodecok, William, 30; Alice, 30
WOLSLEY, ROBERT, rector of Merton, 86; Johanna, his sister, 86
Worsted, Simon de, 33
Wrighson, John, 101
WRIGHT, JOHN, of Seburgham, 7;

WILLIAM, of Irthington, 16; Alexander, son of Peter le, 71; John, 8; Juliana, 17; Robert, 8
Wryght, Agnes, 97
Wryngester, William, 65
WYGGETON (Wigton), ADAM DE, vicar of Addingham, 6, 48
WYLKYNSON, AGNES, wife of Thomas of Syrewith, 110; John, 106
WYLLERDBY, WILLIAM DE, rector of Croglyn, 113
Wyllyknap, Henry, son of Adam, 50
Wyllyson, John, 142
Wylton, John de, 2, 3, 22, 54
Wynd, John, 97
Wyndow, Beatrice, 21
Wyndschale, John de, 142; John, his son, 142
Wynomius, St, 113 n.
Wyse, Adam, 54
Wyther, John, 5

Yard, John de, 114
Yardone, William, 123
YARONE, JOHN, 104; John, his son, 104, 105; William, his son, 104, 105
Yhanewith, Thomas de, 61
Yve, John, 68, 116, 117

"TESTAMENTA KARLEOLENSIA."

LIST OF SUBSCRIBERS.

ALLISON, R.A., M.P., Scaleby Castle, Carlisle.
ARNISON, MAJOR W. B., Beaumont, Penrith.

BARROW-IN-FURNESS, THE RIGHT REV. THE LORD BISHOP OF, The Abbey, Carlisle.
BALME, E. B. W., M.A., J.P., Loughrigg, Ambleside.
5 BLAIR, ROBERT, F.S.A., Harton Lodge, South Shields.
BLAIN, JOSEPH, Howard Place, Carlisle.
BLAND, MISS FANNY, 18, Calton Terrace, Morecambe.
BIRKBECK, ROBERT, 20, Berkeley Square, London.
BURROW, REV. J. J., Ireby Vicarage, Carlisle.
10 BARNES, H., M.D., F.R.S.E., J.P., 6, Portland Square, Carlisle.
BEARDSLEY, AMOS, F.L.S., F.G.S., Grange-over-Sands.
BETHELL, W., Derwent Bank, Malton.
BERRY, HENRY F., Public Record Office, Four Courts, Dublin.

CARLISLE, THE RIGHT REV THE LORD BISHOP OF, Rose Castle, Carlisle.
15 CARLISLE, THE FREE LIBRARY, Tullie House.
CARRUTHERS, RICHARD, Eden Grove, Carlisle.
CALVERLEY, REV. W. S., F.S.A., Aspatria, R.S.O.
CONSTABLE, WILLIAM, Holme Head, Carlisle.
CALVERT, REV. THOMAS, M.A., 15, Albany Villas, Hove, Brighton.
20 CARTMELL, STUDHOLME, 27, Lowther Street, Carlisle.
CHAPELHOW, REV. J., Kirkbampton Rectory, Carlisle.
CHADWICK, S. J., F.S.A., Lyndhurst, Dewsbury.
COOPER, VEN. ARCHDEACON, Vicarage, Kendal.
COWPER, H. S., F.S.A., Outgate, Ambleside.

LIST OF SUBSCRIBERS.

25 CROSTHWAITE, J. FISHER, F.S.A., 4, Erskine Place, Keswick.
CREWDSON, W. D., Helme Lodge, Kendal.
CREIGHTON, J. R., The Snabs, Carlisle.
CROWDER, W. J. R., Jun., Stanwix, Carlisle.

DIXON, THOMAS, Rheda, Whitehaven.

30 ECROYD, WILLIAM, Lomeshaye, Nelson, Lancashire.
ELLISON, J. C., Darlington.
EVANS, SIR JOHN, K.C.B., F.R.S., Nash Mills, Hemel Hempstead.
ERRINGTON, JOHN, Carlisle.

FAIRBANK, F. R., M.D., F.S.A., St. Leonards-on-Sea.
35 FERGUSON, CHARLES J., F.S.A., Cardew Lodge, Carlisle.
FERGUSON, ROBERT, F.S.A., Morton, Carlisle.
FISHER, EDWARD, Abbotsbury, Newton Abbot.
FOLJAMBE, SIR CECIL SAVILE, F.S.A., Cockglode, Ollerton.
FORD, JOHN RAWLINSON, Quarrydene, Weetwood, near Leeds.
40 FLETCHER, WILLIAM, Brigham Hill, Cockermouth.

HARVEY, REV. CANON, F.S.A., Vicar's Court, Lincoln.
HAIR, M., Coledale Cottage, Carlisle.
HARGREAVES, JOHN EDWD., Beezon Lodge, Kendal.
HAYTON, JOSEPH, Papcastle, Cockermouth.
45 HINDS, JAMES PITCAIRN, 20, Fisher Street, Carlisle.
HOARE, REV. JOHN N., M.A, F.R.Hist.S., St. John's Parsonage, Keswick.
HODGSON, T. HESKETH, Newby Grange, Carlisle.
HUDLESTON, WILLIAM, C.S.I., Hutton John, Penrith.
HOTHFIELD, LORD, Lord Lieut. of Westmorland, Appleby Castle.
50 HEELIS, WILLIAM HOPES, Hawkshead.

JACKSON, MRS. W., 21, Roe Lane, Southport.
JONES, FREDERIC, L.D.S., 6, Brunswick Street, Carlisle.
JENNINGS, T., Highgate, Kendal.

Kendal Literary and Scientific Institute.

55 LAZONBY, JOSEPH, Wigton.
    LAWSON, LADY, Brayton, Carlisle.
    LEES, Rev. THOMAS, M.A., F.S.A., Wreay Vicarage, Carlisle.
    LOWTHER, HON. WM., Lowther Lodge, Kensington Gore.
    LITTLE, WILLIAM, Chapel Ridding, Windermere.
60 LONSDALE, REV. H., Upperby Vicarage, Carlisle.
    LAMBETH LIBRARY, THE

    MADDISON, REV. A. R., Vicars' Court, Lincoln.
    MARTINDALE, J. H., Moor Yeat, Wetheral.
    MICKLETHWAITE, J. T., F.S.A., 15, Dean's Yard, Westminster, S.W.
65 MONKHOUSE, JOHN, Hawthorn Villas, Kendal.
    MACKEY, MATHEW, 8, Milton Street, Newcastle-on-Tyne.
    MAGRATH, REV. J. R., D.D , Provost of Queen's College, Oxford.
    MARSHALL, REGINALD D., Castlerigg Manor, Keswick.
    MACLAREN, RODERIC, M.D., Carlisle.
70 MUSGRAVE, JOHN, J.P., Wasdale Hall, Whitehaven.

    NIELD, EDWARD, 4, Colonnade, Clifton, Bristol.
    NICHOLSON J. HOLME, Wilmslow, Cheshire.

    PARKIN, JOHN S., 11, New Square. Lincoln's Inn, London.
    PRESCOTT, VEN. ARCHDEACON, The Abbey, Carlisle.

75 RAYNER, JOHN A. E., Grove House, Wavertree, Liverpool.
    ROBINSON, JOHN, M.Inst.C.E., 8, Vicarage Terrace, Kendal.
    ROBINSON, ROBERT, M.Inst.C.E., Beechwood, Darlington.
    RAWNSLEY, REV. H. D., Crosthwaite Vicarage, Keswick.
    ROPER, W. O., Town Clerk, Lancaster.
80 ROWE, J. BROOKING, F.S.A., Castle Barbican, Plympton, Devon.

    SHERWEN, REV. WILLIAM, M.A., Hon. Canon of Carlisle, Cockermouth.

LIST OF SUBSCRIBERS.

STEEL, MAJOR-GENERAL JAMES A., 28, Stafford Terrace, Kensington, London, W.
SENHOUSE, MISS, Galeholm, Gosforth.
SENHOUSE, H. P., Netherhall, Maryport.
85 SEWELL, COL. F. R., Brandlingill, Cockermouth.
SOCIETY OF ANTIQUARIES, Newcastle-on-Tyne.
STUDHOLME, PAUL, Crinkle House, Parsonstown.
SCOTT, JOHN, J.P., Abbeyfield, Bickley, Kent, and Wetheral, Carlisle.

THOMPSON, W. N., St. Bees.
90 THOMPSON, REV. W., M.A., J.P., Guldrey Lodge, Sedbergh.

VAUGHAN, CEDRIC, J.P., Leyfield, Millom.

WATT, JAMES, J.P., Knowefield, Carlisle.
WILSON, REV. JAMES, M.A., Dalston Vicarage, Carlisle.
WAUGH, EDWARD LAMB, Cockermouth.
95 WRIGLEY, ROBERT, Wetheral, near Carlisle.
WHITWELL, R. J., Highgate, Kendal.
WHITEHEAD, REV. HENRY, Lanercost Priory.
WHITE, GEORGE, Carlisle.
WILSON, MRS., Aynam Lodge, Kendal.
100 WHEATLEY, J. A., Mayor of Carlisle, Portland Square, Carlisle.

www.ingramcontent.com/pod-product-compliance
Lightning Source LLC
Chambersburg PA
CBHW032228230426

43666CB00033B/1642